建安文学繁盛

楷书、行书、草书趋向成型和完善

《典论·论文》成书

「竹林七贤」的时代
正始诗文成熟

陶渊明田园诗大成

顾恺之人物画大成

《后汉书》成书

律诗初成

《文心雕龙》成书

432 年—445 年

483 年—493 年

501 年—502 年

魏晋之际的审美文化，一言以蔽之，即个人自我的觉醒。这个时代充满了"极自由、极解放、最富于智慧、最浓于热情"的文化气息。

大美中国 ｜ 魏晋卷

离离如星辰

陈炎　主编
仪平策　著

上海古籍出版社

图书在版编目（CIP）数据

离离如星辰：魏晋卷 / 陈炎主编；仪平策著. —
上海：上海古籍出版社，2017.9（2019.3重印）
（大美中国）
ISBN 978-7-5325-8528-1

Ⅰ.①离… Ⅱ.①陈… ②仪… Ⅲ.①文化史—中国
—魏晋南北朝时代 Ⅳ.①K235.03

中国版本图书馆CIP数据核字（2017）第167882号

大美中国 魏晋卷

离离如星辰

陈 炎 主编

仪平策 著

上海古籍出版社出版、发行

（上海瑞金二路272号 邮政编码200020）

（1）网址：www.guji.com.cn

（2）E-mail：gujil@guji.com.cn

（3）易文网网址：www.ewen.co

上海中华商务联合印刷有限公司印刷

开本787×1092 1/32 印张12.125 插页11 字数172,000

2017年9月第1版 2019年3月第3次印刷

印数：5,151—8,450

ISBN 978-7-5325-8528-1

G·659 定价：56.00元

如有质量问题，请与承印公司联系

前　言

魏晋之际，一般是指魏与西晋时期，短短百年左右，但在整个华夏审美文化发展中的意义是不容忽视的，也是中国美学思想大转折的关键时期。

魏晋之际的审美文化，一言以蔽之，即个人自我的觉醒。这是自我人格的本体化、主体化，是个体向自我、人性、真情的回归。反映在审美价值取向上，就是对伦常、名教、礼法、俗规、节操、功业等外在价值目标有意识地疏淡和超越。

这使得这个时代充满了"极自由，极解放，最富于智慧，最浓于热情"的文化气息。

是什么造就了这样深刻的文化变革？

在社会经济基础上，典型的以自给自足地主庄园经济为基础的封建社会形态形成。

在人才选拔上，门阀士族取代了秦汉世家贵族的地位。门阀制度的形成，对大一统的中央皇室专制集权无疑是一极大的冲击和瓦解。

在社会主流意识形态上，代表门阀士族价值体系的玄学思潮崛起。

正是在上述社会背景和文化语境中，魏晋之际孕育了"自我超越"这一新的审美文化主题，生气勃扬，光彩流溢。

本书所指魏晋六朝时期，将东晋至南北朝纳入其中。东晋至南北朝这一阶段的审美文化与之前略有变化，更多侧重表现"心灵感荡"的状态，最主要的原因是其社会历史语境已与魏晋之际有所不同。

在社会阶层冲突上，此时比魏晋之际安定平和了许多，政治上大致呈现均衡缓和的态势。

在经济上，经济重心开始由黄河流域向长江流域转移。

在社会主流意识上，佛学思潮兴起。

然而，政治经济也好，意识形态也好，其对审美文化的影响并不是直接的，还需要一系列中介。其中最有力的中介，便是作为文化主体的人，尤其是在文化上处于主导与核心地位的人。在此处即指门阀士族特权阶层。他们无意于在社会政治生活中有所作为，轻视世事，鄙薄事功，脱离实际，务虚尚玄，因而极易在纯精神的领域里寻得自己心灵的栖息地。一种拓展主体精神、深入内心世界、追求心灵无限自由的文化欲求，便日益成为这一时代的主流。

目　录

魏晋之际的自我超越

建安二十五年（220）十月，刚刚继承了曹操魏王之位的曹丕代汉称帝，建国号魏，都洛阳。自此，历时四百余年的大汉帝国寿终正寝，一个新的历史时代开始了。

当然，曹魏政权是短暂的，仅有46年光景就被司马氏建立的晋朝取代了。晋又分西晋和东晋。此处所谓魏晋之际，主要指的是魏与西晋时期（个别问题延至东晋），总共百年左右。别看这一段时间在历史长河中不算太长，在整个古代审美文化发展中的意义却非同一般。如果说魏晋南北朝诚如宗白华先生所讲的那样，是"中国美学思想大转折的关键"[1]的话，那么，魏晋之际正是这一"大转折的关键"的"关键"，是这一大转折的全面启动期。

魏晋之际审美文化的鲜明姿态是什么？就是面对个体与社会、自然与名教、情与理的尖锐的时代性冲突，将东汉中晚期萌动的新趋向，即审美文化由外而内、由伦理而性情、由名教而自然的变折，变成了一种历史的自觉，一种时代的主潮，其基本标志，一方面是自我人格的本体化、主体化，是个体向自我、人性、真情的回归，用钱穆先生的话说，也就是"个人自我的觉醒"[2]；另一方面，则是个体对伦常、名教、礼法、俗规、节操、功业等等外在价值目标的疏淡和超越，而且这种疏淡和超越并不是一种自然的过程，而是有意识的、理性自觉的文化选择。这两个方面统一起来，便凝成和突出了"自我超越"这一时代主题。"自我超越"可以视为魏晋之际一种主流性的社会意识、文化姿态、哲学观念和审美风尚。它使得这个时代充满了"极自由、极解放、最富于智慧、最浓于热情"（宗白华语）的文化气息，使得一个时代文化真正走向了艺术，走向了美！

为什么偏偏魏晋之际会出现这样深刻的文化变折？说起来似乎有些不可思议，因为这个时期恰恰是中国历史上最黑暗、最恐怖、最混乱、最痛苦的时代之一。先是三国之战，再是曹氏与司马氏两大集团之间的权力之争，后是西晋的"八王之乱""永嘉之乱"，还有中央皇室与地方豪强、门阀士族之间，以及地方豪强、门阀士族彼此之间的尖锐冲突等等，真可谓政治险恶、战乱频仍、宦海肃杀、哀鸿遍野，正如《晋书·阮籍传》中所说"魏晋之际，天下多故，名士少有全者"。按说，在这样黑暗恐怖人人自危的生存环境中，怎么会出现审美文化的大解放、大自由、大发展呢？然而这种审美文化的大解放、大自由、大发展却真真切切地发生了。对此，我们不妨试着做一点分析和阐释。

其实，现实的黑暗恐怖在给人以朝不保夕的畏惧感的同时，也会产生另外一种效应，那就是导致诸如王道理想、皇朝权威、正统道德、伦常秩序之类往昔曾被视为神圣的东西，在被怀疑和疏离中走向暗淡甚至崩解。这就为"自我超越"这一时代主题的全面展开提供了历史前提。除此之外，促使魏晋之际这一时代主题深入发展的重大因素还有三点：

其一，在社会经济基础上，随着汉末以来土地兼并的加快进行，大土地所有权日益集中在豪强大族手里，与此同时，破了产的手工业者和失去土地的农民不得不汇聚在豪强大族门下，成为束缚在领主土地上的农民。这就构成了典型的以自给自足的地主庄园经济为基础的封建社会形态，而这种新的社会经济形态必然会带来审美文化上的深刻变化。其二，同封建大土地所有制这一经济基础相适应，在社会阶级力量上，门阀士族取代了秦汉世家贵族的地位。世家贵族主要指有封国封邑的王侯，而门阀士族（亦称门阀世族）则主要指以"士"为骨干的累世做官的特权阶层。称世族是说他们世袭做官，称士族是指他们掌握文化知识权力。门阀士族在经济上占有大量土地和劳动人口，不向国家纳租服役；在社会地位上高人一等，与寒门庶族的界限犹如隔着一层天，即所谓"上品无寒门，下品无势族"（《晋书·刘毅传》）。他们在政治、经济、军事、文化等方面享受特权，相对独立。门阀制度在魏晋之际的形成，对大一统的中央皇室专制集权无疑是一极大的冲击和瓦解，从而为思想文化的解放奠定了阶级基础。其三，在社会主流意识形态上，则是与大一统专制政治相联系的儒家"独尊"局面的结束和代表门阀士族价值体系的玄学思潮的崛起。对此，《晋书·列传·儒林序》中说：

> 有晋始自中朝，迄于江左，莫不崇饰华竞，祖述虚玄，摈阙里之典经，习正始之余论，指礼法为流俗，目

纵诞以清高，遂使宪章弛废，名教颓毁……

其实，儒学衰颓和玄学崛起这一新的意识形态格局的出现不自晋始，而是早在汉末三国就已形成。曹操推行"唯才是举"的用人政策（而不管儒家所谓的"德"），何晏、王弼首创"以无为本"的玄学体系等，即为明显标志。魏晋之际社会主流意识形态由儒而玄的这一转换，尤为直接地驱动和催化了该时代审美文化的重大变折与飞跃。

毫无疑问，正是在上述社会背景和文化语境中，魏晋之际孕育了"自我超越"这一新的审美文化主题。该主题使这一时代在整个古代审美文化史上生气勃扬，光彩流溢，个性凸显，意义彰著，成为一个至为关键的历史转捩点。

〔1〕　《美学散步》第 26—27 页，上海人民出版社，1981 年版。
〔2〕　《国学概论》第 147 页，商务印书馆，1997 年版。

1

「洋洋清绮」
走进个体生命体验的文学

　　文学，作为一种用语言来表达生命体验的艺术，它对生存现实的反应是敏感而准确的。正因如此，它成为我们走进魏晋之际审美文化的一个最先的切入点。

　　对这一时代的文学，郑振铎在《插图本中国文学史》中描述为"高迈"和"清隽"。显然，这是两种不同的文学审美形态。"高迈"，大抵是高远、豪迈、慷慨、壮丽之意；而"清隽"则大约与清雅、超群、细婉、隽秀相联系，也可以简单地说，一个指壮美，一个指优美。从魏晋之际总的文学形态来看，基本有一个逐步从偏于"高迈"向偏于"清隽"，从偏于壮丽向偏于秀美的演变过程。所以建安曹丕的诗赋被鲁迅说成是"华丽之外，加上壮大"(《魏晋风度及文章与药及酒之关系》)，而西晋陆机的诗文则被沈德潜说成"矫健之气不复存矣"(《古诗源》)，涉及的就是这一演变过程。同时，这两种文学审美形态，也常常表现在单个作家身上。如曹丕的诗文除壮丽外，也有细婉的一面，所以刘勰说："魏文之才，洋洋清绮。"(《文心雕龙·才略》)"洋洋"，盛大、壮丽之貌，而"清绮"则是细婉、秀美之态。其他作家也大多如是，恕不赘述。这两种审美形态的并存主要说明了两点：一是这时期的审美文化呈一种过渡状态、双重形态，表现出历史转折阶段的典型特征；二是这种文学审美形态的双重性、过渡性，正是"自我超越"这一时代主题的丰富内蕴在魏晋之际逐步展开的曲折反映。

建安诗文：

慷慨与悲凉的二重唱

文学史上，一般将汉末建安年间（196—220）至曹魏黄初、太和年间（220—237）的文学称作建安文学，代表作家是"三曹"[1]和"七子"[2]，还有一个女诗人蔡琰也很杰出。建安文学的突出特点，就是在中国审美文化史上，开始了真正的文人化写作；他们的创作，总体上是对东汉中、晚期文学，特别是《古诗十九首》所代表的文人作品中出现的感伤主义题旨的进一步深化和发挥，同时也带上了建安时代的特有气概，那就是建功立业的政治雄心和积极进取的豪迈情怀。刘勰说建安"时文，雅好慷慨"，"梗概而多气"（《文心雕龙·时序》)，就是说的这一情形。慷慨气概与感伤主义看起来很矛盾，但在建安文学中却是有机统一的。前人用"慷慨悲凉"描述建安文学，确为中的之论。

建安文学正处新旧时代交替之际，因而文人作家们大都有一展宏图的理想和抱负，渴望在政治上、人生上有所作为。曹操作为一个叱咤风云的乱世英雄，他抒发政治抱负的四言诗最有意味，比如：

　　　　老骥伏枥，志在千里；烈士暮年，壮心不已。(《龟
　　虽寿》)

　　　　山不厌高，海不厌深，周公吐哺，天下归心。(《短
　　歌行》)

　　曹植更是自小就追求"戮力上国，流惠下民，建永世之业，流金石之功"(《与杨德祖书》)，所以他的诗多具慷慨多气的浓郁色彩，如《白马篇》写了一位英勇的游侠少年，实为诗人自我的化身："羽檄从北来，厉马登高堤。长驱蹈匈奴，左顾凌鲜卑……名编壮士籍，不得中顾私。捐躯赴国难，视死忽如归。"这是何等的壮志高情！又如其《薤露行》："愿得展功勤，输力于明君。怀此王佐才，慷慨独不群。"其《鰕䱇篇》："驾言登五岳，然后小陵丘……抚剑而雷音，猛气纵横浮。"这又是何等的雄心豪气！

　　不过，汉魏之间并不是一个正常的、任人驰骋的时代，动荡变乱残酷黑暗的现实让人朝不保夕，名教崩毁伦理失序的社会令人迷茫绝望。在这样的情势下，个体企望有所作为的任何抱负都可能是一厢情愿的幻想。"虽怀一介志，是时其

能与";"快人由为叹，抱情不得叙";"我愿何时随，此叹亦难处！"（曹操《善哉行其二》）这种无可奈何的叹息表明的正是一种外在信念和人生目标的失落感，一种对生存境遇的忧患和生命意义的怅惘。于是，我们在建安文人们笔下，看到了两种沉重而悲凉的现实：

一种是外在的黑暗痛苦的社会现实。建安文学中的大量作品，以汉乐府那样的写实手法，叙述了当时"白骨露于野，千里无鸡鸣"（曹操《蒿里行》）、"路有饥妇人，抱子弃草间"（王粲《七哀诗》其一）的悲惨情景，表达了诗人"喟然伤心肝"（王粲）、"念之断人肠"（曹操）的痛苦心情。值得一提的是女诗人蔡琰（字文姬）的五言《悲愤诗》，作为一首长达 540 字的长篇叙事诗，对个人悲惨命运和苦难遭遇的白描式抒写，句句血泪，真切感人。总之，这一类诗，感时伤世，"缘事而发"，沉郁苍凉，深切质朴，具有鲜明的历史感和强烈的震撼力，被明人钟惺称为"汉末实录，真诗史也"。

一种是内在的悲怆忧伤的心理现实。对于审美文化，特别是其中的审美意识的发展而言，建安文学中所表达的内在心理现实似更令人关注。诗人们的心中普遍怀有一个"忧"字，忧虑、忧惧、忧怨、忧愁、忧伤……可谓郁结于心，挥之不去，用曹操的话说，叫做"忧从中来，不可断绝"（《短歌行》）。他们"忧"的是什么？自然有"天不仁兮降乱离"，"志意乖兮节义亏"（《胡笳十八拍》）的现实忧虑，有"常恐失罗网，忧患一旦并"（何晏《拟古》）的生死忧惧，但更深层的是对生命本身意义的忧伤、忧愁和忧思。在深深的迷惘和苦闷中，他们进一步深切感受到了《古诗十九首》的作者们所感受到的生之悲剧，那就是生命的短促，人生的无常，命运的变幻，生存的无根！他们悲怆地写到：

> 人居一世间，忽若风吹尘。（曹植《薤露行篇》）
>
> 转蓬离本根，飘飘随长风。（曹植《杂诗其二》）
>
> 惜哉时不遇，适与飘风会。（曹丕《杂诗其二》）
>
> 转蓬去其根，流飘从风移。（何晏《言志诗》）

　　个体的存在犹如离根的"转蓬"，无根无柢，随风飘零，自生自灭，这是一种多么可悲

的情境！人原来不过是寄寓世间的一个孤独的
过客而已：

> 日月不恒处，人生忽若寓。（曹植《浮萍篇》）
>
> 吁嗟此转蓬，居世何独然！（曹植《吁嗟篇》）

应当说，这种对人生无根感、孤独感的认识，
虽未达到一种形而上的理性的自觉，但依然是相
当深刻的。曹植在这方面尤为敏锐。他虽为魏文
帝曹丕之胞弟，却备受曹丕迫害和折磨，一生抱
负付诸东流，最终忧愤而死。亲兄弟尚且如此，
又何谈他人！所以曹植的无根感、孤独感是切入
骨髓、极为深刻的；甚至他在写人神恋爱的悲剧
《洛神赋》（彩图 1 ）时，依然摆不脱这种孤独感。
那么美丽多情的爱神宓妃，也终因"人神之道殊"
而不得不与追恋她的诗人含恨离别。人人互忌，
人神相殊，可见个体的孤独确是无法逃避的了。

那么人该怎样活？或者说无根孤独的人怎样
生存才会快乐？这是汉魏之际一个需要解决的
时代性课题。建安诗人用诗的形式回答了这一问
题，他们认为，"人生如寄，多忧何为？今我不
乐，岁月如驰"（曹丕《善哉行》其一）；所以，

他们或"对酒当歌",或"秉烛夜游",或"临河垂钓",或"与君嬿欢",或"慷慨时激昂",或"逍遥步西园"……总之,他们信奉的是"遨游快心意,保己终百年"(曹丕《芙蓉池作》)。心情的快乐,生命的康寿,才是人生的第一要义,其他一切都是虚若浮云,靠不住的。诗人们在这种个体价值和意义的重新选择中,获得了一种心灵的慰藉、精神的解脱、情感的满足和快乐,尽管这是暂时的解脱和快乐,没有而且也不可能真正超解内在的矛盾和痛苦,摆脱心情的悲怆和忧伤,但它毕竟使弥漫在悲云愁雾中的个体生命透出了亮色,看到了希望,显现了一种也许还不很明确的新的自我超越意识和追求。

正始诗文:

从内心孤寂到人格超俗

正始(240—248),本为魏末齐王曹芳的年号,文学史上则一般把魏晋易代之际的诗文称为正始诗文。这时期主要的文学家是所谓的**竹林七贤**(彩

图2），他们是阮籍、嵇康、山涛、王戎、向秀、刘伶、阮咸，其中以阮籍、嵇康为代表。

是时，司马氏和曹氏两大集团之间争权夺利的残酷斗争，将整个社会推入了黑暗恐怖的深渊。许多异己分子被无端杀害，天下名士，少有全者；而统治者却又同时提倡儒家的所谓仁义礼法，其政治和道德的虚伪性暴露无遗。这种现实环境，不仅剥夺了一般文人建功立业的机会和期望，也不仅让他们时时有朝不保夕的性命之虞，尤其严重的是彻底摧毁了他们的政治信念和伦理理想，使他们体验到了真正的内在孤寂和绝望。这可以说是正始诗文所处的不同于建安时代的一种特定社会语境。

正因如此，从审美文化的角度看，正始诗文主要不再有建安诗文那样的慷慨豪壮之气，而是更多、更突出地深化和发展了建安文学中"忧生之嗟"的一面，使其笼罩在人生、生命意义上的悲凉忧伤色彩更浓，更趋于一种深刻的悲哀、空前的孤独和绝对的无望。阮籍著名的《咏怀诗》82首，就典型地表现了这样一种幽深阴冷的情绪。在作者看来，现实不过是一张无处不在的网，谁也无法自由自在，"天网弥四野，六翮掩不舒"。所以，功名利禄是没有意义的，它只会让人相互倾轧，丧失自我，"膏火自煎熬，多财为祸害"，"高名令志惑，重利使心忧"；人与人之间也是相隔膜的，即使亲友之间也不例外，"人知结交易，交友诚独难"，"亲昵怀反侧，骨肉还相仇"；甚至人活一世，本身就是"终身履薄冰"的，"一日复一夕，一夕复一朝……但恐须臾间，魂气随风飘"。正是有了如此认识，《咏怀诗》便整个迷漫在一种极度伤感的情绪之中，诸如"憔悴使心悲""泪下谁能禁""感慨怀辛酸""悄悄令心悲"之类的句子，可谓随处皆是。这种极度伤感的根子即在于一种深刻的孤寂感、绝望感：

　　夜中不能寐，起坐弹鸣琴。薄帷鉴明月，清风吹我襟。孤鸿号外野，翔鸟鸣北林。徘徊将所见，忧思独伤心。（其一）

　　独坐空堂上，谁可与欢者？出门临永路，不见行车马。登高望九州，悠悠分旷野。孤鸟西北飞，离兽东南下。（其十七）

读到这样的诗句，只觉得一股清冷落寞、阴幽孤寂的气息扑面而来，让人感到一种旨趣遥深、难以名状的沉重意味。

然而，这种深重的悲哀、孤寂和绝望，却并没有导向诗人内在精神的崩溃，使他们走向自暴自弃的人性堕落，或走向背弃现实、皈依上帝的宗教之途，而是依然立足于现实的大地上，以一种理性的自觉，对个体的价值、自我的解脱和人格的超越重新进行思考与选择。当然这种重新选择并没有简单续写建安文学中的及时行乐题旨，而是追求更为高远的精神超越和自由。这使正始文学在题旨上具有了更深层的主体化、哲理化意味。阮籍《咏怀诗》中的不少作品即显露了这一自觉的审美追求。诸如"飘若风尘逝，忽若庆云晞"，"飘摇云日间，邈与世路殊"等句，说的即是对尘世的超脱；而"临堂翳华树，悠悠念无形"，"道真信可娱，清洁存精神"等句，则说的是精神向本体的飞升。

这类诗在嵇康那里更占主导。当然，与阮籍比起来，嵇康的论说文写得更好一些，《三国志》

注引《魏氏春秋》说："康所著文论六七万言，皆为世所玩味。"实际上他在思想界、玄学界的贡献要超过诗。但在文学上他也是很有特色、有影响的，其诗大都融玄学意味于自然生趣之中，清逸超俗，峻直幽深。比如："良马既闲，丽服有晖。左揽繁弱，右接忘归。风驰电逝，蹑景追飞。凌厉中原，顾盼生姿。"（《四言赠兄秀才入军诗》之八）"猗猗兰蔼，殖彼中原。绿叶幽茂，丽藻丰繁。馥馥蕙芳，顺风而宣。将御椒房，吐熏龙轩。瞻彼秋草，怅矣惟骞。"（《四言诗》）它们虽为四言，却清丽雅致，颇有深味。值得关注的是，这类诗已有向写景诗发展的趋势，而且其景象深味往往与玄理之思息息相通，其中有代表性的是：

> 息徒兰圃，秣马华山。流磻平皋，垂纶长川。目送归鸿，手挥五弦。俯仰自得，游心太玄。嘉彼钓叟，得鱼忘筌。郢人逝矣，谁与尽言？（《四言赠兄秀才入军诗之十三》）

走向太玄境界作为一种自我超越方式究竟意味着什么？在嵇康这里即意味着回归内心，追求一种心灵的自得和自由，亦即他在玄学上所说的"越名任心"。从审美文化史上说，这则意味着文学向内在世界的进一步开掘，意味着以"心"（主观、心灵、精神）为本的美学观念正日渐步入主流。

西晋诗文：
清绮型、文人化审美格调

西晋时代（265—316），随着三国战乱局面的结束，统治阶级内不同利益集团之间的尖锐矛盾暂时得以缓解，建安以来社会关系上剑拔弩张的紧张格局也暂时趋于平和；文人阶层因政治依附关系不同而出现的分化和对立也不再那么突出，他们大都归聚在统治者的阵营中了。这样，文学也就遇到了一个跟过去有所不同的现实语境。建安诗文中因理想无法实现而产生的强烈苦闷，正始诗文中因现实黑暗虚伪而产生的深刻绝望，这一切在西晋诗文中都不再是突出的了，都被一种相对平缓而淡静的心情取代了。于是，清雅的、轻柔的、绮靡的、工巧的审美文化出现了，一种真正的文人化审美格调形成了。

当然，建安以来逐渐内在化、主观化、自我化、表情化的文学演变趋势，对西晋诗人文人化审美格调的成熟具有更本质的决定作用。如钟嵘说张华的创作："巧用文字，务为妍冶"，其诗"儿女情多，风云气少"（《诗品》中卷）；潘岳则专写伤春悲秋之情，尤以写追念爱妻的"悼亡诗"名重诗史，陈祚明称他为"情深之子，每一涉笔，淋漓倾注，宛转侧折，旁写曲诉，刺刺不能自休"（《采菽堂·古诗选》卷十一）。这是一种文人色彩很浓的抒情化趋向，它在标志着文学走向内心的同时，也流露出脱离现实的形式化审美倾向。因为文学走向内心世界，也就是离开外在现实，回避外在现实与内在理想的矛盾冲突以及这一矛盾冲突所引起的内在紧张和痛苦，这也就很容易导致文学内容的相对单调和空泛，使文学不可避免地流入雕琢文采、玩赏辞藻、吟风弄月、工于技巧的形式主义和唯美主义；而这正是那种脱离现实，或者说不敢直面现实的所谓文人化创作常常表现出来的特点。不过从另一方面说，这种文学的内在化和审美化也有它积极的历史意义，即它在很大程度上正标志着审美意识的趋于自觉和独立。西晋诗文文人化格调形成的辩证意义似也正在乎此。

西晋的主要作家除较早的傅玄、张华外，大致是钟嵘《诗品序》中所讲的"三张[3]、二陆[4]、两潘[5]、一左[6]"，其中以最具文人化写作特色的陆机为代表。

陆机（261—303），字士衡，吴郡吴县华亭（今上海松江区）人。他的诗美观念是明确讲究"诗缘情而绮靡"，即一是讲诗的主观性、抒情性；二是讲诗的修辞性、形式美。在诗的创作上他其实也主要实践了这两点。不过人们一般不太认可其诗作的抒情性，实际上，陆机对抒情的追求是自觉的。这从其诗多"挽歌""怨妇""伤时""嗟生"一类题材、题旨即可见出。只是作为东吴名将陆逊之后，陆机终究无法走出其贵族圈子，而且到西晋朝廷做官后也备受器重，可谓优裕显要，一帆风顺，没有也不可

能有沉重的生存磨难和痛彻的内心体验，这就
造就了其"惠心清且闲"（《日出东南隅行》）的
生存状态，决定了其诗所追求的抒情只能是
相对外在的和模拟性的，这也正是陆诗多拘
于"拟古"题意的主要原因，如有名的《拟古
诗十二首》即模拟《古诗十九首》而作，另外
《短歌行》《苦寒行》等是模仿曹操，七言《燕
歌行》则是步曹丕后尘。这类诗多就原诗之意
变换词句，无法确定陆机自己的真情实感，当
然这也可理解为诗人情感的一种曲折隐讳的表
达。最能说明陆机诗歌特点的，是他对自然景
致的细腻感受和精妙摹写，如在较有代表性的
《赴洛道中作诗二首》中，作者写道：

> 远游越山川，山川修且广。振策陟崇丘，安辔遵
> 平莽。夕息抱影寐，朝徂衔思往。顿辔倚高岩，侧听
> 悲风响。清露坠素辉，明月一何朗。抚枕不能寐，振
> 衣独长想。

野途的空旷，鸟兽的鸣啸，月影的冷凄，夜风
的悲响，晨露的清幽，一位听了一夜风声、又
望着露珠从枝叶间无声滑落的孤零零的远行过

客，这一切所蕴涵的幽幽的悲伤、深深的孤独和浓浓的寂寞便凝成了一种特有的气氛与意味。这种气氛和意味不是慷慨豪壮的，也不是苦闷绝望的，而是一种幽闭无语和顾影自怜，一种非常内在的伤感和孤寂。正因如此，它的审美境界主要不再是一种壮美，而是趋于清静和优美了。尤其是，细腻而敏感的诗的主人公，在这里对自然景致的微妙变化有着极深切的感应和领会，人与物、情与景之间产生了内在的交流和沟通。这一种写景诗的出现，以及后来田园诗、山水诗的崛起，应当说与审美意识内在化、心理化的发展是息息相关的。

审美意识的内在化、心理化发展除了导致艺术境界的优美化和拟景文学的盛行外，还有一个重要效应便是形式美意识的凸显和独立。我们知道，建安文学开始显现一种新的自我超越意识。也正是从那时起，文学开始体现"诗赋欲丽"（曹丕）的美学追求，而曹植在创作上则尤为自觉地讲究语言的工整和华美，注重文辞的锤炼和对仗，体现出明显的"词采华茂"（钟嵘《诗品》）之美。到西晋，随着审美意识向自我内在世界的归聚，这种形式美追求愈趋自觉。从上面列举的陆机诗作即可看出，其语言的华美典雅雕饰精致显然已较为成熟，特别在排偶对仗和词采声色的讲究上差不多已臻完善，像《苦寒行》《招隐诗》等甚至已接近全篇对仗。这种诗歌修辞上的自觉追求，虽不免有繁冗雕琢之失，但一味否定显然也是片面的。从审美文化史的角度看，它标志着文学形式美意识的走向独立，而这一点，从更深远的意义上讲，也意味着审美文化在超越伦常功利、趋于自由形式的道路上已步入一个新的阶段。

　　总之，从建安到西晋，作为"自我超越"这一时代主题的具体展现形态之一，文学所发生的变化是巨大而深刻的。它基本上实现了文学美观念从偏于社会、伦理、叙事、功利向偏于个人、心理、抒情、形式的转变，也基本上突破了文学美形态从秦汉以来一直偏于雄大壮美的格局，而开始向偏于淡静优美转移。

〔1〕 曹操、曹丕、曹植。
〔2〕 孔融、陈琳、王粲、徐幹、阮瑀、应瑒、刘桢。
〔3〕 张载、张协、张亢。
〔4〕 陆机、陆云。
〔5〕 潘岳、潘尼。
〔6〕 左思。

2

『宅心高远』
玄风理趣的审美品性

　　谈魏晋之际的审美文化，不能不谈魏晋玄学。如果说魏晋文学是这一时代的心脏，那么魏晋玄学则是这一时代的灵魂；如果说魏晋文学是用感性体验的方式朦胧地表现了审美文化的时代变折，那么魏晋玄学则是以理性思辨的姿态明确地导引了审美文化的历史转换。

　　魏晋玄学是在正始年间形成而盛行于魏晋

时代的一种社会理性思潮。为什么当时会产生这样一种带有思想解放性质的社会思潮呢？其背景原因比较复杂，不过大致说来有这么几个：其一，它是随着门阀士族这一新的社会势力的发展而形成的社会意识形态和价值观念体系。门阀士族作为新兴的社会特权阶层，它当然不愿意轻易接受现成的旧的思想体系，它要建立反映自己意愿和权利的新的理论依据与话语方式，于是便产生了所谓的玄学。所以魏晋玄学说到底主要是以门阀士族阶层为社会基础的。它是以门阀士族为主体的一种哲学，一种思维。其二，当时动荡变乱黑暗虚伪的社会政治现实，使人们普遍产生了一种强烈的忧惧情绪和怀疑意识，一种时事难为、人事不测的孤寂感和绝望感。人究竟该怎样活才既安全又快乐？究竟什么样的人格才是最理想、最完美的？这一些早在建安诗文中就被朦胧意识到了的严峻的时代性问题，此时变得愈加清晰，迫切需要一种新的理论来解答，于是魏晋玄学便应运而生了。其三，两汉时代所"独尊"的官方化儒学此时已趋衰微。两汉儒学的衰微有其必然性，一是作为迷信荒诞的谶纬神学和枯燥繁琐的章句经术，它已失去了学术生命力，渐为士人所厌弃；二是它所讲的纲常名教和道德伦理那一套，无法在当下险恶变乱丑恶虚伪的社会现实中找到客观依据，因而不可避免地要遭到时人的怀疑和疏淡；三是它作为一种服务于大一统专制集权的理论工具，一时难以适应封建的大地主庄园经济和各自为政的门阀士族阶层这一新的政治经济格局，因而自然要暂时"退场"，以让位于反映时代要求的新的理性话语——玄学。

魏晋玄学的始作俑者是曹魏正始年间的名士何晏和王弼等人。他们高倡"以无为本"的"贵无"说，成为玄学发展中的第一个阶段；大约与王弼生于同时而迟卒十余年的竹林名士嵇康，则以"越名教而任自然"之说成为玄学发展的第二个阶段。晋元康、永嘉年间的裴頠著《崇有论》，试图矫正"贵无"说的"虚诞之弊"。郭象则以"独化于玄冥之境"一说，将"贵无"说与"崇有"论统一起来，是为玄学发展的终结阶段。一般认为，王弼和郭象代表的是玄学正流，或谓正统派；嵇康则代表的是玄学旁流，或谓"倒戈派""异端派"。就对审美文化的影响而言，王弼的"贵无"理论和嵇康的异端学说最为重要，值得我们集中关注和重点释读。

然而，玄学并不完全是一种书斋里的学问，它所反对和逃避的其实正是那种坐在书斋里皓首以穷的繁琐学问。所以更多的时候，它是在文人、名士、朋友等等之间的交谈或议论中"悟"出来的，这也就是它为什么又叫玄言清谈的原由了。鲁迅说："东晋以后，不做文章而流为清谈，由《世说新语》一书里可以看到。"（《魏晋风度及文章与药及酒之关系》）实际上清谈之风与玄学之思同是正始年间"刮"起来的，《资治通鉴》卷七十九胡三省注曰："正始所谓能言者，何平叔数人也。"这说明清谈早在西晋名士何晏、王弼等人那里就已开始，只是东晋以后此事光"流为清谈"而"不做文章"了。可以说，"清谈"是魏晋玄学的一种重要的存在方式，而且是一种极富游戏意味和审美色彩的存在方式。

**在游戏化的
情境中谈玄悟理**

玄学这个名字，容易给人一种印象，以为它是一种拒人千里之外的莫测高深神秘难辨的抽象玄虚之学。这可能与"玄"这个字有关，《说文·玄部》讲："玄，幽远也"，也就是深远、深奥之义。魏晋玄学之称为"玄"，也跟当时研究的是《老子》《庄子》《周易》这三本号称"三玄"的书有关。但这并不意味着它就是神秘莫测的玄虚之学。实际上玄学在这里虽指一种深厚、幽奥、透彻、高远之学，但其间少有神秘玄虚之意。恰恰相反，它是一门直窥人生本体意义的极有情致的"学问"。《玉篇·玄部》讲："玄，妙也。"所谓妙，一指精微、深微，一指高妙、美妙，所以玄学是一门很妙的学问，它的魅力就在于它的精妙、深妙、高妙、美妙，即让人在一种妙不可言的审美化体验中领悟到精深的玄思理趣。

清谈，便是这种在审美化体验中领悟玄学精妙的主要方式之一。清谈作为一种社会风气，源自汉末议论朝政、品评人物的"清议"风尚。但因清议之士为此招致党锢之祸，后又因魏晋之际的政治局势愈加黑暗恐怖，这种人物清议之风便逐渐转为脱离实务的玄理清谈。原先那种名士文人相聚辩谈的形式似乎未变，但在具体对象、内容、方式、意义上，清谈已非同清议。

首先，它不再是"品核公卿，裁量执政"（《后汉书·党锢列传》）的才德品评，而是一种"论天人之际"、究有无之理的形上思辨，是一种探本求真的理性活动，"共谈析理"是其基本的目标和特征。《世说新语·文学》记述说：

> 殷中军为庾公长史，下都，王丞相为之集，桓公、王长史、王蓝田、谢镇西并在。丞相自起解帐带麈尾，语殷曰："身今日当与君共谈析理。"既共清言，遂达三更。

这种名士相聚共谈析理以至于通宵达旦废寝忘食的清言方式，与秦汉时期务求功利、偏于世俗的文化明显不同，它非常典型地表现出了一种探究真理、彰扬智慧的时代新风尚。

那么这种共谈析理、唯真是求的活动是怎样进行的呢？基本是一种主客答问的方式，主方提出观点，客方进行辩难，称为"难"。双方一个会合下来，称为"一番"或"一交"，胜者为胜，败者为"屈"。请看下面的记载：

> 何晏为吏部尚书，有位望，时谈客盈坐。王弼未弱冠往见之。晏闻弼名，因条向者胜理语弼曰："此理仆以为极，可得复难不？"弼便作难，一坐人便以为屈。于是弼自为客主数番，皆一坐所不及。（《世说新语·文学》）

王弼恐怕这是首次出山，就遭遇了如此主客辩难的玄谈方式。毫无疑问，这种玄谈方式是极富挑战性的。它和今天常见的知识竞赛、演讲比赛之类还不一样，它并不是在事先已定好论题、拟好纲要的情况下进行的。它的具体论辩对手、题目、场合等大都是随机的、即兴式的。它对人的内在智慧、思维水平、精神深度以及辩说能力自然是一严峻考验，当然对那些富有真才实学的人来说也是一次显露头角的最好机会。王弼之所以成为一代玄学大师和偶像，不能说与他在这种场合中的出类拔萃毫无关系。所以，正是这种玄谈方式，极大地激活了人的思辨潜能，锻炼了人的思维能力，唤起了一代士人追究真理、崇尚智慧的热情和风气。

然而，我们对这种清谈方式最感兴趣的地方还不是思维问题，而是审美问题。就是说它其实并不是在那儿抽象枯燥地谈玄论理，而是一切都运行在一种游戏性的氛围和形式中，它把这种探本求真的理性思辨活动，已提升为一种心调意畅的审美活动了。这也就是嵇康的诗句"乘云驾六龙，飘飘戏玄圃"（《游仙诗》）中"戏"字的意味所在。《世说新语·言语》也记载道：

> 诸名士共至洛水戏。还，乐令问王夷甫曰："今日戏，乐乎？"王曰："裴仆射善谈名理，混混有雅致；张茂先论《史》《汉》，靡靡可听；我与王安丰说延陵、子房，亦超超玄著。"

把玄言清谈看做"戏"，看做自由的、愉快的游戏甚或嬉戏，这堪称魏晋之际审美文化的一种极典型的风格和情态。它将名理、《史》《汉》之类纯然学理性问题的探讨，变成了富于诗意性鉴赏体验的审美活动。重要的是，不仅清谈形式本身，而且清谈的内容即玄学义理，在这里也变得诗意化、趣味化，可以直接感动人的内心，让人欢喜不已了。《世说新语·文学》中说：

> 至于辞喻不相负，正始之音，正当尔耳。
>
> 傅嘏善言虚胜，荀粲谈尚玄远。每至共语，有争而不相喻。裴冀州释二家之义，通彼我之怀，常使两情皆得，彼此俱畅。

玄学清谈以主客辩难为主要形式，这就构成了一种思维对峙和观念碰撞的现场情景；所谓"正始之音"的主要意思也就是这种"辞喻不相负"或"有争而不相喻"的清谈场景。有学者把它称作"理赌"，其实就是一种思维的、智慧的竞赛。人们对于"理"的追逐已不仅仅是一种执著，而是近乎达到一种痴迷的状态了。所以，傅嘏和荀粲会各执其"理"而互不相让，然而当裴頠巧妙地将二者所执之理沟通起来后，二人也便两情皆得，彼此俱畅了，因为"理"对他们来说，已差不多就是"神"之所往，"美"之所在。既然双方的"理"已通畅无碍，那么他们顿生一种审美性质的和谐感、愉悦感也就很自然了。

清谈之风发展到永嘉前后又有些许变化，那就是人们在依然讲究玄学之理的同时，其关注的重心已开始向审美的一面倾斜和转化。所谓"正始之音"的清谈是以"理"为唯一准则，而到此时的清谈，人们对论辩各方的形象姿态、表述技巧和语辞文采则更加注重和欣赏，也就是他们不再单纯追求以"理"服人，而是更加强调以"美"悦人了。《世说新语·文学》中记载说，一次，支遁（字道林）、谢安等人来到王濛家，要求"当共言咏，以写其怀"。于是便以《庄子·渔父》为题，"支道林先通，作七百许语，叙致精丽，才藻奇拔，众咸称善"。等大家都谈过之后，谢安则向支道林粗略发"难"，他"自叙其意，作万余语，才峰秀逸。既自难干，加意气拟托，萧然自得，四坐莫不厌心"。显然，这里的清谈，不再单纯拘于"理"之高下，而是辩难过程中的"叙致""才藻""意气""才峰"、神采、风度等等审美层面的人格形象特征，成为人们品鉴和激赏的重心所在。该篇还有一些记载也特别典型，如：

> 谢镇西少时，闻殷浩能清言，故往造之。殷未过有所通，为谢标榜诸义，作数百语。既有佳致，兼辞条丰蔚，甚足以动心骇听。谢注神倾意，不觉流汗交面。

> 支道林、许掾诸人共在会稽王斋头，支为法师，许为都讲。支通一义，四坐莫不厌心；许送一难，众人莫不抃舞。但共嗟咏二家之美，不辩其理之所在。

能为话语的佳致丽辞感动得流汗交面，也能为辩难的精妙才藻满足得鼓掌舞蹈，以至于只顾沉浸在清谈形式的审美化欣赏里，反倒"不辩其理之所在"了。这大约就是魏晋之际玄言清谈的审美化风尚所达到的一种极致境界。

当然对这种脱离实务的清谈之风，当时就有批评意见。王羲之就曾对谢安说过："虚谈废务，浮文妨要，恐非当今所宜。"而谢安这位著名的政治家却出人意料地回答说："秦任商鞅，二世而亡，岂清言致患邪？"（《世说新语·言语》）这个机智的回答一方面确实有道理，因为把国家的兴亡归于清言与否显然是不公平的；另一方面也说明，当时那种游戏意味和审美色彩极浓的清谈风气确已成为时代主流，不易扭转了。

玄学：

一种人格本体论美学

我们说过，玄言清谈之所以在魏晋之际蔚为大观，不仅因为其话语形式的审美化，而且还由于其理性内涵的美学化。为什么这么说呢？主要理由即在于玄学是一种以"自我超越"为主旨的人格本体论体系，也是一种涵蕴着新的自我人格美范式的价值论体系。何谓自我超越？就是个体实现从外部功利世界向自我情性本体的回归；不再是外在的高官厚禄荣华富贵道德节操名誉地位，而就是个体自我的天性、生命、心情、智慧、人格等等成为至高无上的本体。再没有什么比个体自我的超脱、性情的和谐、生命的安乐、智慧的明达和心意的自得这一类的事更重要、更有意义的了。"自我人格"成为个体关注的焦点与核心。正是在这里，玄学的义理走向了美学。

个体应当怎样活才有意义？究竟什么样的人格才是最美、最理想的？这是魏晋之际人们最关心的、迫切需要回答的时代课题。实际上，这也是一个如何协调个体和社会、"自然"和"名教"、感性和理性之间尖锐矛盾与冲突的问题。当文学敏感到了这一严峻问题却又无法明确解答时，玄学便历史地承担起了这一思想文化使命。

王弼（226—249）在玄学上的基本观点是"以无为本"说，认为"天下之物，皆以有为生。有之所始，以无为本"（《老子注》第四十章）。王弼所说的"有"，就是一切看得见、听得见、摸得到、嗅得到的具体事物，是整个形形色色流转不息的现象世界。他所说的"无"，则是决定着具体事物现象世界的本体，具体说，既是它们得以产生的最初原因（本源），也是它们赖以存在和发展的唯一根柢（本质）。王弼认为，世上的万事万物作为"有"，或作为"末"，它们究竟能不能产生，产生了以后能不能好好地存在和发展下去，这不由它们自身来决定，而是最终由这个叫做"无"的"本"（本体）说了算。因此，王弼又讲："将欲全有，必返于无也。"就是说要保全有声有形的具体事物，使它们能顺顺当当地生存和发展，就不能依靠具体事物自身，而只能返回到事物的本体上来，坚定地守住这个本体，和这个本体合而为一。那么这个作为本体的"无"又是什么样呢？用王弼的说法，就是"无形无名""超言绝象""寂然至无"，就是一种超感性、超事象、超现实的普遍绝对的道理，就是一种无偏无执、无形无迹、无识无为、恬淡静寂的形而上境界。王弼认为，正因为"无"看不到、听不到、摸不到、嗅不到，没有任何可以通过人的感觉就能直接把握到的具体特征，所以才会居于一切具体事物之上，达到一种"苞通天地，靡使不经"的"品物之宗主"(《老子微指略例》)的地位，成为一切具体事物的终极根源和最高主宰，即成为它们的本体。如果把形形色色的具体事物称作"子"的话，那么这个本体也就是它们的"母"。这也就是王弼玄学之被称为"贵无"论的原因所在。

不过，千万不要以为王氏所推崇的这个"无"，是一个完全脱离了具体事物（即所谓"有"）的绝对抽象的东西，更不要以为它是一个绝对的空洞和虚无。相反，"无"作为本体不仅不排斥"有"，不仅不跟形形色色的具体事物"分家"，把它们从自身中分离出去，和它们闹对立，而且它就在自身内无尽地囊括着"有"，囊括着作为"有"的天地万物，并通过它们来证明自己的本体地位，显现自己的本体功能，即王弼所谓"不炎不寒，不温不凉，故能包统万物"（《老子注》三十五章），"夫无不可以无明，必因于有"，并且是"必有之用极而无之功显"（韩康伯《易系辞注》引王弼《大衍义》）。因为很明显，"无"并不能用"无"本身来显明自己，而必须通过"济成"万物来证明自己。万事万物都生机勃勃蒸蒸日上了，才会表明万事万物的本体（"无"）是无处不在无所不能的。所以，"无"是体，"有"是用；"无之功"体现为"有之用"，反过来，"有之用"达到了极致，"无之功"也就告成了。可以看出来，王弼玄学的"贵无"论归根结底不仅不抛弃"有"，而且在总体构想上追求的正是"统无御有""崇本举末""守母存子""体用如一"。

问题在于，王弼讲这些多少有点抽象的玄理干什么呢？难道他真的像西方哲学家常喜欢做的那样，是在进行纯粹形而上的概念思辨和建构纯粹的哲学本体论体系吗？当然不是，至少不完全是。他的玄学作为中国传统哲学的一种特定形式，其着重点、落脚点仍然是在"人"的话题上，在人事、人生、人格、人性、人伦、人道等问题的探索上。在他这里，本体论的思辨是以目的论、价值论的重建为旨归的，"纯粹理性"是以"实践理性"为旨归的，"天道"是以"人道"为旨归的。所以，王弼玄学的根本目的就是要通过有无之辩，建构一种新的人格美范式，提出一种他心目的"圣人"理想，以便协调在魏晋之际的每个人身上所表现出来的个体与社会、性情与伦理、"自然"与"名教"之间的尖锐矛盾和冲突，使个体的人既不脱离社会的伦理原则和名教秩序，不远离外在的物欲世界和功利现实，同时又不至于在伦理名教中扭曲自己，在物欲现实中丢失自己，而是仍保持着自我人格的独立，守护着自然人性的完满，显现着个体生命的本真，体验着内在精神的自由。一句话，他又是超然物外、寂然无为的。正因如此，王弼反反复复地说，"圣人"应当是"以无为为君"（《老子注》二十八章）的，"本在无为"（《老子注》三十八章）的，"与道同体"（《老子注》二十三章）的，"道同自然"（《论语释疑·泰伯》）的等等；说白了，就是认为"圣人"应是这样一种人，他决不挖空心思地追逐功德名利，也不太在意一时一事的荣辱得失，当然更不会沉溺于物欲之海难以自拔；他始终如一地固守在超然物外、寂然无为的本体[1]之境里，以一种无形、无象、无识、无欲、无声、无名的静泊姿态，来自由地面对纷繁流变的尘世人间。看起来他简直就像个浑浑沌沌的赤子，对外面世间的一切处之漠然，无动于衷。那么这是否意味着"圣人"是一个不食人间烟火的活神仙？当然不是，因为他所固守的本体之"无"并不真的是空洞虚无的"无"，而是囊括众有、包统万物的"无"，所以他在（也只有在）自然无为、泊然无欲的本体境界里，在一种不跟外部现实发生矛盾和冲突的和谐情境中，反而可以无限地拥有和享用世俗人间，充分地获得生命的快乐和内心的自由，真正在一种日常生存状态中达到"自我超越"的人生境界。

瞧，这是一种多么理想的人格，多么美好的人生啊！它之所以理想和美好，就在于它把一种庸庸碌碌、忧忧戚戚的平凡人生诗意化、审美化了。人，个体的感性世俗的人，在这种审美化的生存状态中，也发生了转变和升华，成为一种"皆陈自然，至美无偏"（《论语释疑·泰伯》）的理想人格。那么，具体地说，这个"至美无偏"的理想人格有哪些主要的时代性特征呢？

首先，这是一种内守型、超越型的自由人格。我们知道，秦汉时代总体上崇尚的是一种能开疆拓域、建功立业的外向型、事功型人格，霍去病就是一个典型范例；而且那个时代的整个审美文化，也表现为这样一种主体追逐和征服外部世界的豪情与气象。但从魏晋始，特别在王弼这里，那种事功型、外向型的"大美"人格范式已趋消解。王氏心目中的"圣人"已是另一种面貌，他总体上是"以无为为君"的，因而在认识和实践上他都用不着向外追求，都表现为一种内守型、超越型的自由人格。一方面，他是"智慧自备"（《老子注》二章）的，"通远虑微"（《论语释疑·阳货》）的，总之是无事不通无理不晓的，所以他就可以"察己以知之，不求于外"（《老子注》五十四章），即通过内在智慧的自我观照和反省，而不是向外探求，就可获得终极真理；另一方面，他是"心虚志弱"（《老子注》三章）的，"本在无为"（《老子注》三十八章）的，他并不有意识地追逐对象的价值和物质的享乐，而是面对生活中的一切利害得失，荣辱沉浮，竟像个婴儿一样宁静淡泊，超然世外，正因如此，他不但没失去，反而获得了一切。他在无欲无为的存在方式中，消除了因向外追求而带来的种种局限、挫折和痛苦，以一种同世界不相冲突的姿态，真正实现了"物全而性得"或者叫"物自宾而处自安"（《老子注》十章）的最大功利和目的。至此，王弼就完整地"画"出了他心目中的"圣人"形象。

其次，这是一种理性型、智慧型"大美"人格。记得我们在描述秦汉审美文化气象时，用了"大美"这个词。但那个"大美"，是同当时外向性地追逐、占有和征服对象世界的社会历史语境分不开的，因而主要呈现的是一种旨在"润色鸿业"的空间扩张的"大美"，感性直观的"大美"。魏晋之际，"大美"理想虽仍在延续，但已有重大变化。在王弼这里，这一变化突出表现为其重心由外在的感性造型、客观对象逐步转向内在的理性智慧、主体人格。王弼认为，真正的

"大美"不是感性的、有形的，"义苟在健，何必马乎！"（《周易略例·明象》）"象而形者非大象也，音而声者非大音也"（《老子指略》），因为像马这种有形有声的东西总是有限的，总是相对的"小"。所以真正的"大"，就不是"形"，而是"用形者"，即产生形、决定形的"无"："健也者，用形者也。"（《周易注·乾象》）"无"，有时也训为"道"，所以王弼又说："夫大之极也，其唯道乎！"（《老子注》三十八章）既然"无"或"道"是"大之极"，那么"以无为为君"，"与道同体"的"圣人"自然也是"大之极"。因为他已经掌握了最高真理，是一个"通远虑微""能尽理极"的"明物之所由者"，所以他就主要是一个理性、智慧的"大之极"，而不是外形、事功方面的"大之极"；他看起来似乎是"虚无柔弱"的，但实际上却有一种"不知其所由"的智慧之"力"，使他可以在危机四伏的现实中"善力举秋毫，善听闻雷霆"，"锐挫而无损""独立"而"不改"（《老子指略》），永远立于不败之地。难怪王弼玄学处处充满了对这种智慧、理性之美的热情呼唤和礼赞：

夫察见至微者，明之极也；探射隐伏者，虑之极也！

能尽极明，匪唯圣乎！能尽极虑，匪唯智乎！

（《老子指略》）

圣者即智者，都属"善力"者、"大之极"者，正鲜明地体现了王弼的"大美"理想从偏于外物、事功、感性向偏于内心、智慧、理性的转换。这种转换是王弼个人的思想，也是整个魏晋时代审美文化的基本趋势。

不过，同嵇康比起来，王弼玄学虽然以自然（"无"）为本，以名教（"有"）为末，但他并不真正贬抑名教，相反，他想得更多的是用"自然"去统一"名教"，去保护、维持"名教"，即所谓"崇本举末""守母存子"之义。他在理论宗旨上兼综儒道两家，并以儒学为宗主，孔子高于老子，也多少可说明这一点。然而嵇康就不同了。虽说嵇康有时候也像是"不信礼教，甚至于反对礼教"，而心里其实"恐怕倒是相信礼教，当作宝贝"（鲁迅语）的那种人，比如他在写给儿子看的《家诫》里，就要求儿子做个谨慎的人，不要像他那样违背礼教，云云。但据此就认定他的反对礼教"其实不过是态度"，只是做出来给人看的，这也未免武断了些。实际上，嵇康对名教进行尖锐抨击，以至于到了"轻贱唐虞而笑大禹"（《卜疑》）、"非汤武而薄周孔"（《与山巨源绝交书》）的激烈程度，并不完全是一种姿态，而是建立在对儒学和名教本身的深刻认识基础上的，认为其主要的弊害就在于对人性自然的压抑和否定：

> 固知仁义务于理伪，非养真之要术；廉让生于争夺，非自然之所出也。（《难自然好学论》）

儒家所标榜的纲常名教仁义廉耻之类，在嵇康看来是不合人的自然天性的。所以人们对待儒家这一套的最好办法就是——

> 以明堂为丙舍，以讽诵为鬼语，以"六经"为芜秽，以仁义为臭腐；睹文籍则目瞧，修揖让则变伛，袭章服则转筋，谭礼典则齿齲，于是兼而弃之……（《难自然好学论》）

这些话说得多痛快啊！古代天子宣明政教的地方是停放灵柩的房屋，背诗诵文的话语是鬼一样的声音，"六经"圣典是一些芜秽之物，仁义道德臭不可闻。读经念书会让人变成斜眼儿，学习揖让之礼使人变成驼背，穿上礼服让人腿肚子转筋，谈论礼仪典章则会使人长蛀牙，所以，不如把这一切统统扔掉吧！那么，人应当怎么办呢？就是"越名教而任自然"：

> "六经"以抑引为主，人性以从欲为欢；抑引则违其愿，从欲则得自然。(《难自然好学论》)

所谓"任自然"，也就是"从欲"；而所谓"从欲"，也就是让人自然而然地发展天性，自由自在地满足意欲，而反对任何强加于人性之上的东西。不过，也不要以为嵇康是个纵欲主义者。实际上，他的"任自然"说，更追求的是人的一种性情的自然，心意的自得，是人的内心生活的无拘不羁舒放自由。所以，"越名教而任自然"在嵇康那里的另一个说法就是"越名任心"：

> 矜尚不存乎心，故能越名教而任自然；情不系于所欲，故能审贵贱而通物情。物情顺通，故大道无违；越名任心，故是非无措也。(《释弘论》)

如此说来，嵇康的"任自然"说的意思就很清楚了，那就是主要并非指肉体形骸的感性放纵，而是指内在心情、心性、心意等等的超然自得。在他看来，世间最真实、最可宝贵的东西就是人的自然心性，或者简要地说就是"心"。它是万事万物最高的、唯一的尺度。只要以心为贵，则"是非必显"；"值心而言，则言无不是。触情而行，则事无不吉"（《释弘论》）。所以，人的一生最要紧、最难得的不是别的，而只能是内在心意的满足和自得：

> 故世之难得者，非财也，非荣也，患意之不足耳！
> 意足者，虽耦耕甽亩，被褐啜菽，莫不自得；不足者，
> 虽养以天下，委以万物，犹未惬然。则足者不须外，不
> 足者无外之不须也。（《答难养生论》）

这样，嵇康就比王弼更明确更自觉地突出了"内心"的本体意义。

值得一提的是嵇康的"养生"思想。他有好几篇谈论养生的文章。从字面意思看，养生就是保养生命使之康寿，重在形骸肉体的修炼摄养一面。这个意义的养生术在中国可谓源远

流长。《庄子》外篇《刻意》中说："此道引之士，养形之人，彭祖寿考者之所好也。"彭祖就是神话传说中一个极善养生从而以长寿闻名的仙人。他到底活了多少岁，没有定论，反正说他任殷大夫时，就已七百多岁，却无一点衰老之相。后周游四方，成仙而去。从《庄子》中可知，彭祖的养生就是通过导引之术来"养形"，此亦为道教养生之要义，所以彭祖亦为道教所尊奉。然而嵇康的养生却不尽然。嵇康谈养生，一是为了张扬他"越名教而任自然"的思想，将人生价值的根本从伦理名教放回到个体的生命自然上来，因而带有文化叛逆的某种自觉；二是其养生尤重"保神""安心"这一面。在他看来，"精神之于形骸，犹国之有君也。……故（君子）修性以保神，安心以全身"；"善养生者……外物以累心不存，神气以醇白独著。旷然无忧患，寂然无思虑"（《养生论》）。这也就是说，真正的养生并不在"养形"，而在于内在心意的不为物累，个体精神的旷然自由。由此可知，嵇康的养生论依然是其"意足""自得"观念的一种发挥，是建立在以

"心"为本的理论基础上的，与道教所说的养生不可混为一谈。

也正是在这样的理论基础上，嵇康提出了"有主于中，以内乐外"（《养生论》）的重要思想，这使他的玄学更加走近了美学。他讲以"心"为本，或者说"有主于中"，就是主张人的内心是衡量人生状态的唯一根据和标尺。但这是否意味着人的内心是与外物截然两分绝对隔离的呢？非也。恰恰相反，这样正保证了人不致与外部世界发生这样那样的冲突，也避免了因种种冲突而遭受这样那样的伤害和痛苦，从而使人在一种主与客、内与外的和谐相得中体验到生命的自足和快乐。从人与世界的认知关系说，它超越了单纯依靠理智来运作的局限性，因为在嵇康看来，"识而后感，智之用也"，亦即事事处处都先诉诸理智的分析和判断，而不是用心去感悟，这样一种把握世界的方式实际上是"世之所患，祸之所由"，没什么好结果的。最好的方式是什么呢？就是"不虑而欲，性之动也"，也就是不用理智分析而是在心性的自然感动中达到对事物的体悟。嵇康认为这样才会真正把握对象的本质，才会"遇物而当"，实现"通物之美"(《难养生论》)。再从人与世界的功利关系说，它也超越了单纯的意志行为的片面性。嵇康说："终无求欲，上美也。"(《家诫》)还说："善以无名为本。"(《释弘论》)善的东西，美的东西，都是跟名利欲望之类无干的。但这并不是说人什么也不要做了，完全的超尘绝世了，人其实可以交友，可以当官，可以跟世俗社会好好相处，只是不要为了获取某种私利才去这样做，即所谓"文明在中，见素表璞；内不愧心，外不负俗；交不为利，仕不谋禄"(《卜疑集》)。嵇康认为，只有用一种无欲无志的淡泊态度对待现实人生，才会实现真正的"志"和"欲"，让个体在世俗人间体验到内在的快乐和自由，始终处于"虽无钟鼓，乐已具矣"(《养生论》)的人生至境。

显而易见，嵇康所向往的"至人"同王弼所塑造的"圣人"一样，都是魏晋时代重建新的价值、重塑新的人格这一历史文化需要的思想产物。但二者又有所区别。相对说来，王弼的"圣人"，其范围更偏于权力阶层，而嵇康的

"至人"则更属于士人群体；前者的权谋、理性、智慧因素居多，后者的心性、生命、审美意味尤浓；前者的人格美形态偏于内省型、智慧型壮美，而后者则在坚守人格壮美的基础上有了较多的心性自由的优美色彩。从审美文化的发展趋势看，如果说王弼玄学以理性人格的壮美范式置换、超越了秦汉时期感性直观的"大美"形态的话，那么，嵇康玄学则以其"越名任心"的鲜明旗帜，成为审美理想从智慧型壮美人格向以"心"为本的优美型文化趣尚演变的中介环节。

〔1〕 "无""道""性""一""自然"。

『魏晋风度』

人物美的重塑和张扬

　　面对"自然"与"名教"，亦即个体与社会、生命与纲常、情感与伦理之间时代性的尖锐矛盾和冲突，魏晋玄学企图给予一个理论上的解决。但这一时代性矛盾和冲突，从根本上说还不是个理论问题，而是个实践问题，是个体在世俗生活中具体做人的直接现实问题。那么魏晋士人是怎样去做的呢？由对这一问题的探求，我们发现了中国历史中独具一格的审美文化现象，这就是以人物美重塑为核心的"魏晋风度"。

"魏晋风度"是鲁迅先生在一篇文章的题目中用过的一个词，是用来说明"自汉末至晋末文章的一部分的变化与药及酒之关系"的。我们这里则借这个术语来重点描述一下魏晋之际的一种特有的社会风气和文化趣尚，具体地说，是当时人们对人物美范本的一种崭新诠释和追求，是以人物美为中心所表现出来的那种极富时代特色的个性行为与人格风采。

从文化渊源上讲，如何做人，做何种人，这也是中国士人一直最在了、最关注的一件事情。诸如修、齐、治、平之论，"兼济""独善"之说，"有为""无为"之思，"自然""名教"之辩等等，都大体是围绕这件事情所作的文章。特别在社会变革文化转型时代，士人们对此事的关注远较平常为甚，因为它直接关乎个体对人生价值取向的选择。所以对这件事情的探究，往往会引发一场思想文化的大解放。春秋战国就是这样一个时代，其次便是魏晋之际了。我们已经知道，魏晋文学在悲凉与怀疑的生命体验中即对此事开始了敏感而痛苦的探索，魏晋玄学则试图通过一种自我人格本体论的理性建构来解决这一中心焦虑和尖锐问题。应当说，通过这一过程，"自我超越"作为一种新的审美文化理念已经逐步成为整个时代的自觉和共识，成为士人阶层所向往的个体生存境界与人格范式的核心内涵。那么，很自然地，有了新的审美文化理念，也便会有相应的新的审美文化实践，会有以"自我超越"为主旨的新的社会美形态、新的人格美范型的现实展开。于是，一种旨在通过人物品藻，彰扬人物之美的所谓"魏晋风度"便特立独行地呈现在我们面前了。

同以往时代相比，重在人物之美的魏晋风度有哪些主要特点呢？

任诞行状

最能代表魏晋士人作风的恐怕数得上"任诞"这一行为方式了。专记汉末魏晋间人物言行的《世说新语》一书即有《任诞》篇。其实"任诞"

在当时是一种很盛行、也很典型的士人做派，绝非士人许多行为做派中之小小的一种。它可以说就是所谓魏晋风度的一种时代性标记，在某种意义上，后世人们就是通过这个词认识这个时代和这个时代的士族形象的。"任诞"的字面意义，简单地说就是任性、放诞；而将这个词置于魏晋时代的特定历史文化语境里，它则有了更深厚的内涵，那就是"背叛礼教""违时绝俗"，亦即以狂傲放荡的叛逆姿态，蔑视一切外在的律令、礼法、时俗、成规，超越一切虚伪的伦理、道德、纲常、名教，让生命回归自然，让精神享受自由。它充分显露了人伦名教体系的全面危机。当然，这一危机实际自汉末即已开始。明陈继儒《枕谭·任诞》中说："世谓任诞起于江左，非也。汉末已有之矣。"所以晋葛洪批评汉末以来的任诞之风时说道：

> 闻之汉末诸无行，自相品藻次第。群骄慢傲，不入道检者，为都魁雄伯，四通八达，皆背叛礼教而从肆邪僻，讪毁真正，中伤非党，口习丑言，身行弊事。凡所云为，使人不忍论也。(《抱朴子·刺骄》)

葛洪对这种种"不忍论"的"背叛礼教"的"无行"之事还是忍不住地"论"了一番。在《抱朴子·疾谬》中，他一一列举如下：

> 蓬发乱鬓，横挟不带。或衮衣以接人，或裸袒而箕踞。朋友之集，类味之游……其相见也，不复叙离阔，问安否。宾则入门而呼奴，主则望客而唤狗。其或不尔，不成亲至而弃之，不与为党。及好会，则狐蹲牛饮，争食竞割，掣拨淼折，无复廉耻。以同此者为泰，以不尔者为劣。

看看，这里所描述的士人是些什么样子：蓬头垢面，衣衫不整，敞着怀，叉着腿，怠慢无礼地接待客人。大凡朋友聚游一起，不切磋道德，不精研学问。见了面，不是叙旧问安，而是客人一进门就大呼主人为贱奴，主人则朝着客人叫唤狗。如果不这样做，就被视为交情不够，从此断绝关系不再来往。只要是臭味相投，彼此之间就没什么顾忌了，像狐狸一样蹲着，像牛一样地饮酒，争吃争喝，你抢我夺，放浪胡闹，丑态百出。能这样做的自然就是高逸之士，而不这样做的则被视为是低俗之人。

这诸种"无行""任诞"之状，葛洪虽归之汉末，但其实也反映了他所看到的魏晋之际的情景。比如他在《刺骄》中就写道："世人闻戴叔鸾、阮嗣宗傲俗自放，见谓大度，而不量其材力非傲生之匹而慕学之。或乱项科头，或裸袒蹲夷，或濯脚于稠众，或溲便于人前，或停客而独食，或行酒而止所亲。"戴叔鸾即汉末戴良，其母死，照样喝酒吃肉，以居丧不守礼闻名，被看做开汉晋士人任诞之先声者。阮嗣宗即阮籍，则更是不守礼法傲俗自放的竹林名士。他曾著《大人先生传》，把尊礼守法之士比作待在裤裆里的群虱。据说他遭母丧后，也是照常吃肉喝酒。司隶何曾当着他的面向晋文王告状，骂他不孝，应把他流放海外。他在旁边听了，"饮啖不辍，神色自若"（《世说新语·任诞》）。干宝《晋纪》中也说何曾曾当面指责阮籍是个"任情恣性"的"败俗之人"。对此，干宝评述道："故魏、晋之间，有被发夷傲之事，背死忘生之人，反谓行礼者，籍为之也。"实际上，不独阮籍一人，大凡跻身魏晋名士行列的几乎都有任诞背礼之行。如前面提过的"竹林七贤"，其所以得此名，概因

"七人常集于竹林之下，肆意酣畅，故世谓'竹林七贤'"。其中一位叫刘伶的，自称"天生刘伶，以酒为名"，曾著《酒德颂》，其言行任诞狂放尤甚。他常常"纵酒放达，或脱衣裸形在屋中，人见讥之。伶曰：'我以天地为栋宇，屋室为裈衣（引者按：裈，有裆的裤子），诸君何为入我裈中？'"（《世说新语·任诞》）可以想见，有戴良、阮籍这样的楷模，有"七贤"这样的名士，哪能不会出现葛洪所说的世人争相"慕学"任诞的风气呢？实际上不仅时人慕学之，而且后人也慕学之。比如此风在西晋末仍极盛行，王隐《晋书》中说：

> 魏末，阮籍嗜酒荒放，露头散发，裸袒箕踞。其后贵游子弟阮瞻、王澄、谢鲲、胡毋辅之之徒，皆祖述于籍，谓得大道之本。故去巾帻，脱衣服，露丑恶，同禽兽。甚者名之为通，次者名之为达也。（《世说新语·德行》注引）

此处讲的阮、王、谢、胡毋等人，即为西晋末慕学阮籍、标榜"任放"的名士。此风甚至直到东晋依然不绝如缕，邓粲《晋纪》中说：

> 王导与周𫖮及朝士诣尚书纪瞻观伎。瞻有爱妾，能为新声。𫖮于众中欲通其妾，露其丑秽，颜无怍色。
>
> （《世说新语·任诞》注引）

这位周𫖮就是官至尚书左仆射且以"风德雅重"深孚众望的周伯仁。然而就是这么一位德高望重之人，却当众要跟别人的妾发生性关系，还露出自己的丑秽之物，其放任无忌已达到了不可思议的程度。

实际上，他们这样做的根本用意就是要"背叛礼教"，破毁礼教，将一切被神化的虚伪道德和一切抑制人性的伦常礼律统统否弃。正如阮籍所说："礼岂为我辈设也？"（《世说新语·任诞》）前述嵇康"越名教而任自然"一说的现实意义也正在此。特别值得注意的是，这种通过"任诞"方式破毁名教否弃礼俗的意识是自觉的，是建立在对纲常礼教伦理道德之虚伪性、荒谬性的深刻认识基础上的。"建安七子"之一孔融有一天"与白衣祢衡跌荡放言"，就说过一段惊世骇俗的话：

> 父之与子，当有何亲？论其本意，实为情欲发耳。

> 子之于母，亦复奚为？譬如寄物瓶中，出则离矣。(《后汉书》卷七十《孔融传》)

孔融此言，无异于瓦解了整个以宗法血缘为核心的父子君臣的礼法名教体制，也动摇了以孝亲为根本的整个伦理道德体系的基础。在当时能有这种认识，也算大胆而深刻了。"父之与子，当有何亲"之论，反映了汉末以来破毁礼教之自觉意识所达到的水平。至西晋，社会的名教尊卑观念已大大淡化，儿子可以直呼父亲的名字，妻子公然狎昵丈夫，出现了西晋束皙《近游赋》中所描述的"妇皆卿夫，子呼父字"之社会现象（"卿"，在当时为狎昵之称）。应当说，这种由"任诞"方式所表现出来的"背叛礼教"的空前自觉，是意义重大的，它是一次真正的思想解放运动。反映在审美文化上，它则构成了魏晋风度的社会内涵和鲜明特征。它以一种近乎"丑"的外在形式，强烈地昭示了时人对虚伪名教的批判和对真实人性的追求，表达了他们力图重建一种新的人格美形象的坚定决心和自觉意识。

本"我"崇"神"

突出自我，张扬个性，一切唯个人的性情、需要、意念、心境、兴味、趣好为准则，是魏晋风度另一个鲜明的特色。实际上，这也是"任诞"方式的另一面。"背叛礼教"、超越礼法的同时也就是回归人性，凸显自我，实现生命的自然和心情的自由。所以，魏晋士人最看重的是一个"我"字，把"我"置于一切之首。以殷浩为例，当有人问他："卿定何如裴逸民？"他回答说："故当胜耳。"这里没有谦逊之语，只有唯"我"为大。时人常把殷浩与桓温等量齐观，二人便有些互不服气，有一天，"桓问殷：'卿何如我？'殷云：'我与我周旋久，宁作我。'"表示出不屑与之比较的意思。然而桓温却不认这个账，他又对别人讲："少时与渊源（殷浩字）共骑竹马，我弃去，已辄取之，故当在我下。"（《世说新语·品藻》）这里反复突出的是一种自我肯定个性张扬之意趣。魏晋士人之所以"宁作我"，是因为他们觉得只有"我"才是至高的、一流的：

　　桓大司马下都，问真长曰："闻会稽王语奇进，尔邪？"刘（真长）曰："极进。然故是第二流中人耳！"

> 桓曰："第一流复是谁？"刘曰："正是我辈耳！"(《世说新语·品藻》)

这种"我"为一流、当仁不让的意识，不能简单理解成狂妄自大，自命不凡，它反映的实际是魏晋人格美理想对个体、自我、人性的充分关注和高扬。

正因如此，魏晋士人最看重的还有一个"情"字。情与理的矛盾是个体和社会、"自然"和"名教"之矛盾的集中体现。魏晋之际人们追求超越名教，回归自我，也就必然追求越"理"任"情"，使人的自然之性、生命之情从伦理规范（"礼"）的桎梏中解放出来，获得一种充分的满足和自由。《世说新语·伤逝》篇说：

> 王戎丧儿万子，山简往省之，王悲不自胜。简曰："孩抱中物，何至于此？"王曰："圣人忘情，最下不及情。情之所钟，正在我辈。"简服其言，更为之恸。

据说万子死时才19岁，王戎的悲不自胜无疑是一种真情的流露，其所表现出的父子关系实已超出名教礼法之外。更重要的是，他并不想做"忘情"的"圣人"，而是发出"情之所钟，正在我辈"这样坚定而响亮的声音。这也是整个时代的最强音。其实,圣人有情还是无情,在魏晋玄学中已有所探讨。何晏以"无"为本,所以讲"圣人无(忘)情",但王弼不同意这一点,认为圣人本"无"却不离"有",所以应讲"圣人有情"。他说圣人既是"神明"也是"常人","圣人茂于人者神明也,同于人者五情也。"既然"同于人",圣人就"不能去自然之性",当然也"不能无哀乐以应物";因而圣人拥有常人的情感欲求"可以无大过",而对圣人做不到"以情从理"就予以这样那样的指责也实在"失之多矣"!(何劭《王弼传》)王弼"圣人有情"说的提出,从理论上就为魏晋之际个体之"情"的解放打通了道路。由此,父子之间由强调尊卑之"礼"转向突出自然之"情"(如王戎与其子的关系),夫妻之间亦由尊卑转向了"狎昵",即转向亲密的情感关系。《世说新语·惑溺》中说:

> 荀奉倩与妇至笃,冬月妇病热,乃出中庭自取冷,还以身熨之。妇亡,奉倩后少时亦卒。

妻子冬天得了热病,荀奉倩便跑到院子里,

将自己的身子冻得冰凉，再跑回用冷身子给妻子降温。妻子死后，他不久也告别了人世。这反映的是一种多么深挚动人的夫妻之情啊！即使放在现代，这样的夫妻感情也是很难得的。当时的人似乎都成了钟情之辈，似乎都愿为情生，为情死。如司徒长史王伯舆（名廞，东晋名士）登上茅山，竟对着山大哭着喊道："琅琊王伯舆，终当为情死！"（《世说新语·任诞》）应当说，这是一种非常奇特的文化景观。个体的、人性的"情"，成了自我人格的中心，这在古代审美文化史上是不多见的。

魏晋士人主"我"重"情"，与他们特别强调一个"真"字，或者说以"真"为美也有内在的关系。这里所说的"真"，主要不指外在的物理之真，形相之真，而是指人的一种内在的真本质、真性情，也就是当时人们视为生命之本的那个"自然"。有了这个自然性情的"真"作为生命之本和人生至境，那么一切外在的身份、地位、功名、利禄、礼节、操守、准则、规范之类东西就统统不重要了。人，只要他以真本质、真性情存在着，以真实、直率的姿态待人处事，处处裸露和展现着生命的本色与自然，他就会受到社会的首肯和褒奖，就是一个美的人格。《世说新语》一书处处展现了那个时代对人性之真、心趣之真的追求和赞赏。诸如："谢公称蓝田掇皮皆真。"（《赏誉》）"庾公问丞相：'蓝田何似？'王曰：'真独简贵，不减父祖。'"（《品藻》）这里所说的人物之美，皆指其性情之本真。即使人相貌丑陋，但任性率真，照样也是美的。比如："刘伶身长六尺，貌甚丑悴，而悠悠忽忽，土木形骸。"余嘉锡解释说："土木形骸者，谓乱头粗服，不加修饰，视其形骸，如土木然。"[1]所谓不加修饰，就是强调本性之真；而人物本性真实的主要标志，就是为人处事，不虚伪矫情，不矜持做作，任情恣性，率真畅意，正如一位叫张翰的名士所说："人生贵得适意尔。"（《世说新语·识鉴》）亦如嵇康所讲的，人生之美即在"意足""自得"。这样的人性之真，便成为魏晋时期普遍崇尚的人物美标准。王隐《晋书》中说：

> 王羲之幼有风操。郗虞卿闻王氏诸子皆俊，令使选婿。诸子皆饰容以待客，羲之独袒腹东床，啮胡饼，神

色自若。使具以告。虞卿曰："此真吾子婿也！" 问是谁？果是逸少，乃妻之。(《御览》八百六十)

这就是著名的"东床快婿"一词的由来。那么多王氏子弟，为什么单单挑中了王羲之做女婿？就是因为他不饰容，不矜持，任性所之，本色真实，因而是最美的人格。时人崇尚的这一人性之真，还指个体并不按照先定的原则、计划、成规、礼俗做人行事，而是只求兴者所至，心之所愿，心调意适，性情自得：

王子猷……忽忆戴安道。时戴在剡，即便夜乘小船就之。经宿方至，造门不前而返。人问其故，王曰："吾本乘兴而行，兴尽而返，何必见戴？"(《世说新语·任诞》)

这里所反映的乘兴而为、兴尽则止，一切唯兴致、兴趣、兴味为尚的人生态度和方式，是何等潇洒磊落，率任自由！在如此真纯本色、自然原态的人性美面前，一切所谓教养、规矩、身份、礼数等又算得了什么呢？

当然，以我为本，以情为重，以真为尚，

并不意味着魏晋士人追求的是纯然肉体的沉沦与感性的放纵。虽然这期间有杨朱之学的兴盛（《列子·杨朱》篇是魏晋时期所作，已为近代学界所证实），其声称"逸乐，顺性者也"；主张"养生"之道即"肆之而已"；讲究"人之生也，奚为哉？奚乐哉？为美厚尔，为声色尔"！等等，确也反映了上层社会一部分人醉生梦死的生活观念和方式，但总的说来，杨朱之学不代表魏晋士人的主流意识（其实杨朱之学本质上应视为魏晋士人"自我超越"之自觉意识的一种末流的、极端的形态），因为后者强调的主要不是感性形骸的放纵，而是内在神意的自得，即一种主体性智慧、心性、意趣、精神的满足和自由。换句话说，"自我超越"作为魏晋士人自觉追求的个体人格理想，其落脚处不在肉体而在性灵，不在物欲而在精神。这是把握该时代审美文化的根本要点。所以，注重一个"神"字，讲究以"神"为"王"，也是该时代人物美风采的重要特征。

对此，我们可稍作回溯以作比较。先秦两汉时期，虽有过道家之学的发展和黄老之术的兴盛，但士大夫的人格美理想，总体上是以天下为己任，以道德为圭臬的。这一点直到东汉中晚期仍表现得相当突出，其标志主要是，在当时议论朝政品评人物的"清议"风尚中，士人们一是参与政治，执著事功，尤其以决绝的姿态与外戚、宦官进行斗争，表现出对"兼善"型、"外王"型之传统人格范式的积极认同；二是崇尚节操，注重德行。这不仅源自个体的"内圣"欲求，也是士人获取声名的现实需要，因为声名与当时的选举制度直接相关。《廿二史札记》卷五"东汉尚名节"条说："盖当时荐举征辟，必采名誉，故凡可以得名誉必全力赴之。"这个名誉，既关乎功，更关乎德。"盖功德者所以垂名也，名者不灭，士之所利。"[2]所以，功德名节便成为汉末士人的自觉追求，也成为当时人物品评的首要标准。但到曹魏时代，随着曹操"唯才是举"政策的实施，人物美重心即由"德"转向了"才"，转向了智慧、能力、才情、精神等方面。该时代刘劭的《人物志》说"夫圣贤之所美，莫美乎聪明"（《自序》），"智者德之帅也"（《八观》），"物生有形，形有神情；能知精神，则穷理尽性"

（《九征》）等等，即体现出这一转化。自此，魏晋时代的人物美标准便不再是功德名节，而是变成了主体智慧、内在精神，即如陈季方所言：只"知泰山之高，渊泉之深，不知有功德与无也！"（《世说新语·德行》）于是，不但玄言清谈的智慧竞赛为士人所趋鹜，而且"神"之深浅高下也为士人所关注：

> 桓公（评高坐）曰："精神渊箸。"
>
> 庾公目中郎："神气融散，差如得上。"
>
> 司马太傅府多名士，一时俊异。庾文康云："见子嵩在其中，常自神王。"（均见《世说新语·赏誉》）

大凡名士多以神明才俊见重，而能够在其中出类拔萃，成为"神王"，那便是一件值得自豪的事了。"常自神王"，意味着一种精神上、智慧上的优越感，一种内在心灵的深邃和无限，而这才是真正令人向慕的美的人格。所以，"宅心玄远""忽忘形骸"的嵇康、阮籍成为时人崇尚的人格楷模和偶像；而"区别臧否，瞻形得神"[3]则成为一种普遍的人物品鉴目标和方法。

容色美仪

讲究人物的容貌之美也构成所谓魏晋风度的一大特色。个体的内在自我、才情、真性、精神等虽为当时人格美的重心，但它们仍要通过人外在的辞采容貌显现出来。所以，除了发言吐词为鉴定人物美之一途外（参见上述"清谈"一节），容色形貌也为时人所极为看重。刘劭《人物志》中说：

> 故其刚柔明畅贞固之征，著乎形容，见乎声色，发乎情味，各如其象。……故诚仁，必有温柔之色；诚勇，必有矜奋之色；诚智，必有明达之色。夫色见于貌，所谓征神。(《九征》)

正因为人的内质会在其外形上显现出来，或者说，人的外形总会显现其内质，所以，通过人的形容声色来窥悟其内在的才性神情，即葛洪所说的"瞻形得神"，便成为魏晋时代人物美品鉴的一种风尚。实际上，在审美文化的意义上，重视人的容貌声色之美，往往与自我价值的发现、个性情感的张扬、生命意义的重建等人文思潮的涌动息息相关。具体到魏晋，则与该时代"自我超越"的文化主题直接相关联。所以，大约从汉末始，随着个体自觉意识的发动，讲究容貌之美的风气即已兴起。如《后汉书》记载说：

> 马融……为人美辞貌，有俊才。(《马融传》)
>
> 悦……性沉静，美姿容。(《荀淑传》附悦传)
>
> 郭太……身长八尺，容貌魁伟。(《郭太传》)

这足见人的容貌风采已为汉末人们所关注。下面这段记载尤值得重视：

> 大行在殡，路人掩涕。固独胡粉饰貌，搔头弄姿，盘旋偃仰，从容冶步，曾无惨怛伤悴之心。(《李固传》)

这段文字是时人作飞章对李固的诬奏之词。但李固平时当有搔首弄姿、顾影自怜的习气，才会让人逮住话柄。最引起我们注意的是李固在这里所表现出的女性化姿容情态。从纯审美的角度看，这是一种柔婉优美的姿态。一个男子在行为举止穿衣打扮上模拟女性，从心理学上讲似乎不是一种正常状态。但这不是我们此处要研究的问题。我们更关心的是该行为在审美文化史上的意义。有一点是清楚的，那就是这种女性化倾向往往跟对美的特别渴望和极为敏感有关。著名心理学家蔼理士将这种行为称作"性美的戾换现象";对此他说:"在心理一方面,据我看来,戾换的人抱着一种极端的审美的旨趣,想模仿所爱的对象……"[4]这句话对我们理解该行为非常重要。因为它并不是个别的现象,而是在魏晋乃至南北朝时期也相当普遍,是一不可忽略的审美文化事件。

魏人何晏是玄学创始者之一,也是时人公认的美男子。《世说新语·容止》中说:"何平叔美姿仪,面至白。魏明帝疑其傅粉。"实际上何晏确实是傅粉了。《魏略》说:"晏性自喜,动静粉帛不去手,行步顾影。"这说明何晏是一个极端爱美的人,而且同李固一样,也有模拟女性的倾向。《晋书·五行志》说:"尚书何晏,好服妇人之服。"模拟女性同极端爱美应当是有联系的,因为在文明的进化史上,女性一直扮演的是美的角色,美的化身,是美神的原型和模特。男子爱美,讲究姿容,并崇拜模仿女性(或女神),往往是十分讲究人物品性的时代常有的现象,譬如古希腊就是这样,中国的魏晋时代也尤其是如此。至于魏晋玄学义理本身与此种爱美倾向是否有关，这是个复杂的问题，有待后察；但善好玄谈者中许多都跟何晏相像，极注重形貌姿容之美，却是实情。如"王夷甫（名衍）容貌整丽，妙于谈玄"，"潘安仁、夏侯湛并有美容，喜同行，时人谓之'连璧'"。这个夏侯湛大约也是善清言的，臧荣绪《晋书》说："湛美而容貌，才章富盛，早有名誉。"〔5〕到后来，口习清言，容止婉美，遂成一般门阀士族之时尚。屠隆鸿《苞节录》卷一说：

> 晋重门第，好容止。……肤清神朗，玉色令颜，缙神公言之朝端，吏部至以此臧否。士大夫手持粉白，口习清言，绰约嫣然，动相夸许，鄙勤朴而尚摆落，晋竟以此云扰。

其中最能说明魏晋时人对容色俊美的极端嗜好的，有两个例子：一例是裴楷"有俊容姿"，一次他生病，晋惠帝派王衍去看望他，他怕自己的病容给人一种不美的印象，便掉转身子，向壁而卧，只是听到来人到跟前了，才"强回视之"。还有一例便是历史有名的美男潘岳（字安仁）和丑男左思的不同遭遇了：

> 潘岳妙有姿容，好神情。少时挟弹出洛阳道，妇
> 人遇者，莫不连手共萦之。左太冲绝丑，亦复效岳
> 游遨，于是群妪齐共乱唾之，委顿而返。(《世说新
> 语·容止》)

一个美男子，一个丑陋人，竟受到女性如此截然
相反的待遇，时人对二者的爱憎态度居然如此迥
异，实属罕见，然而它正好反映了魏晋时人对美
的极端敏感和强烈渴求，反映了时人对美的人格
形象的空前崇拜，反映了审美意识在该时代的真
正觉醒和兀然崛升。

以"物"衬"人"　　以人物美相标榜的魏晋风度还表现
为"拿自然界的美来形容人物品格
的美"[6]。自我意识的高扬，个性
人格的超越，往往与自然美的吟味
与发现相伴相随，难分难解。这是因为自我超

越之旨，唯在山水自然中可得以最充分的印证和体现。魏晋清言，即有以玄味对山水之说；魏晋士人，也素以放浪山水相标榜。曹丕在《与朝歌令吴质书》即记述了与友人日夜游玩园林的意趣（《文选》卷四十二）。玄言诗人孙绰，"少诞任不羁，家于会稽，性好山水"（《世说新语·任诞》注引《中兴书》）。"竹林七贤"亦因经常聚集啸傲于竹林之下而得名，诸如此类，不胜枚举。然而，魏晋人之喜山水，还尚未达到与山水两忘俱一的程度。山水自然更多的还是一种外在的形式，更多的是显示、烘托士人自我人格的一种背景，一种喻体。正如顾恺之把谢幼舆画在岩石里。人问他为什么这么画，他说："此子宜置丘壑中。"（《世说新语·巧艺》）顾氏此话，可谓魏晋人物与山水关系的绝妙表述。"子"（人物）是中心，而"丘壑"则是背景。广而言之，人是中心，自然只是背景。人在自然，是为了显示清远之志；而自然于人，则只有衬托、比喻之用。所以，魏晋的人物美品鉴常常是用山水景物之美来作比拟的，如《世说新语》载道：

王公目太尉，"岩岩清峙，壁立千仞"。

世目李元礼，"谡谡如劲松下风"。(《世说新语·赏誉》)

有人叹王公形茂者，云："濯濯若春月柳。"

唯会稽王来，轩轩如朝霞举。

时人目王右军"飘如游云，矫若惊龙"。

山公曰："嵇叔夜之为人也，岩岩若孤松之独立；其醉也，傀俄若玉山之将崩。"(《世说新语·容止》)

这些人物之美的品鉴和欣赏，或用明喻，或用隐喻，皆拿自然之美来比拟，来形容，其语其义已经超越了理性认知的层面，而直接达到了审美的、诗意的境界。自然景物的形色品质，以万取一收极度凝练的典范情态，直接被用来赞美人的形貌之美，而其深层意味同时也象征着人的神意之光。通过自然美的烘托和净化，展现在我们面前的人，不再卑鄙和庸俗，也没有了萎缩和丑陋，而是充满了飘逸、洒脱、刚正、超凡的人格风采。人物鉴赏，在这里变成了诗的体味，美的创造。人之美，在这里跃上了巅峰，达到了极致！

　　这种以物衬我、以景喻人的人物品鉴形式，突出的是"人"的形象神采个性才情之美，属古代社会美发展的一种较高级、较成熟的形态，但这种人物品鉴形式同时也大大促进了自然美的上升和凸现。虽然此时人与自然、物与我、情与景、象与意等等之间尚未完全达到两忘俱一之境，还存在着内在的"缝隙"，"自然"对于"人"还仍是一种外在的背景，因而还不能说自然美已经成熟和独立；但用来比拟人物美的自然景物，毕竟也已经有了独特而精炼的审美特征，毕竟已经接近了那种创造性的审美意象，已经具有了某种直接给人以审美愉悦的性质（诸如"岩岩清峙，壁立千仞"，"飘如游云，矫若惊龙"之类），因而也可以说，以物喻人这种人物美彰扬方式距离自然美的真正独立已经近在咫尺了。

〔1〕 《世说新语笺疏》(修订本)《容止》篇,上海古籍出版社,1993 年版。

〔2〕 《三国志·魏志》卷十九《陈思王植传》注引《魏略》。

〔3〕 《抱朴子》卷二十一《清鉴》。

〔4〕 《性心理学》第 310 页,三联书店,1987 年版。

〔5〕 《文选集注》百十三上《夏侯常侍诔注》引。

〔6〕 宗白华《美学散步》第 186 页,上海人民出版社,1981 年版。

4

『文的自觉』
艺术美学的开掘与突破

　　鲁迅曾说过，曹丕的时代是"文学的自觉时代"（《魏晋风度及文章与药及酒之关系》）。我们不妨作一点引申，把整个魏晋之际称作"审美文化的自觉时代"。这不仅表现在文学回归个体生命的写作意识上，也不仅表现在玄学聚焦自我人格的理性思索上，还不仅表现在以人物美的张扬为旨趣的所谓魏晋风度上，而且更典型、更直接地表现在艺术理论的审美化开掘与突破上。也就是说，"文的自觉"或"审美的自觉"，最重要的标志莫过于艺术美学所达到的自觉，因为只有理论形态的自觉才是真正成熟的自觉。

魏晋之际的文艺美学思想一如其他审美文化形式，充满了标新立异的个性色彩，其不泥传统、无所拘忌的创造意识和独立品格，使之在对文艺审美特性的理论把握中，有了一种历史性的开掘和突破。也正是这种理论层面的开掘与突破，使这一时期作为中国美学"大转折的关键"的"关键"，具有了更加坚实而突出的历史定位和意义。那么，这一时期文艺美学的开掘与突破体现在哪里呢？大致上说主要体现在三个思想环节上，即曹丕的"文以气为主"说、嵇康的"声无哀乐"说和陆机的"诗缘情"说。

曹丕的"文以气为主"说

曹丕（187—226）无论作为魏太子，还是作为魏文帝，总之作为政治家，应当是最关心文学政治伦理的教化功能的。可耐人寻味的是，他在仅存的文学批评文章《典论·论文》中，竟几乎只字不提这一类的话。即使谈到文学的社会功能时，也说的是"盖文章，经国之大业，不朽之盛事"。这句话里政治伦理教化的意味并不浓厚，反倒突出和拔高了文学本身的地位，使文学不再是汉代扬雄所谓"童子雕虫篆刻""壮夫不为"的东西。这应当算是文学自身的一种觉醒。不过曹丕的文学自觉意识更主要地体现在他的"文以气为主"说上：

> 文以气为主，气之清浊有体，不可力强而致。譬诸音乐，曲度虽均，节奏同检，至于引气不齐，巧拙有素，虽在父兄，不能以遗子弟。

文中所说的"气"是什么？这是读懂曹丕的一个关键，因为在这段话里，不但"文"，而且音乐也是以"气"为主的。

"气"是中国古代思想文化中用来表示某种物质存在的一个范畴。对人来说，"气"也就构成人的生命的原始基质和根本。《孟子·公孙丑》说："夫志，气之帅也；气，体之充也。"《管子》

也说："气者身之充也。"(《心术下》)《管子·枢言》还说："有气则生，无气则死，生者以其气。"这都是说，气是生命、生存的根本条件。《管子》还提出"精气"概念，说："精也者，气之精者也。"(《业内篇》)"思之思之……其精气之极也。"(《心术》)这就有了把精神现象也归结于"气"的意思。王充更明确地说："人之所以生者，精气也。"(《论衡·论死》)王充还指出人之品质、性情、才能等等的个性差异，皆与所禀受的"气"的不同有关。"人有善恶，共一元气。气有少多，故性有贤愚。"(《论衡·率性》)"人禀气而生，含气而长，得贵则贵，得贱则贱"(《论衡·命义》)等等说法，都强调的是这一点。综括起来，"气"的涵义大致就是，它虽无形却又是一切有形物质的原始基质和根本，因此它也是人全部生命活动的原始基质和根本，而且它还与人的特定才情、精神、气质、个性的差异有内在直接的关系。

据此来解读曹丕的"文以气为主"说，就会发现它跟过去的美学观念已有很大不同了，其首要的、突出的变化，便是不再把伦理教化功能作为艺术的根本点和落脚处，而是通过确立"气"在艺术中的主导地位，将人的生命气质、个性才情视为艺术的中介与核心。艺术创造不再单纯是为了某种政治的、伦理的功用，而主要是一种个体的生命活动，是个体的才情气质的一种自然表现。显然，这是一种新的艺术美学观，之所以说它新，是因为它标志着中国古典美学第一次真正把理论焦点凝聚在人自身，凝聚在人的生命、个性、情感、气质中。这一转向，在美学史上的重要意义，即标志着对"诗言志"说的一种超越和扬弃。我们知道，自先秦提出"诗言志"的命题以来，"志"一直是先秦两汉美学中占主导地位的核心范畴。什么是"志"？简单地说，"志"一方面指的是人的情感意志，是人的一种内在怀抱，因而是一个主体性范畴。这表明中国诗学从一开始就是偏于内向性、主体性的。另一方面，这个"志"在心理体验的形式中又主要指向的是一种伦理抱负和道德情怀。朱自清说，"志"在先秦是一种与礼教不分的伦理怀抱。罗根泽说，这一种"志"主要是儒家所讲的"圣道之志"[1]。这又表明中国诗学从一开始就跟伦理学有着不解之缘。所以，"志"的美学内涵就主要是一种偏于社会伦理王道事功的主体性怀抱和理想。这说明，"志"与"气"是两种不同的概念，而且这种不同也早已被人认识到了，孟子就说过："夫志，气之帅也；气，体之充也。夫志至焉，气次焉。"(《孟子·公孙丑上》)孟子在这里不但指出了二者的不同，而且还明确表示了志为主、气为次的意思，这在先秦是很有代表性的。然而曹丕"文以气为主"说的提出，就扭转、改变了这一观念。他把文学的重心从外向性的伦理意志和事功理想层面，拉回到了内向性的个体才性和情感气质领域，从而为文学的审美化进程打开了广阔的通道，所以可看做对"诗言志"说的一种扬弃和超越。"文气"说的提出，标志着文学审美意识的真正觉醒，它为古代文艺美学的发展带来了全新的视域和理念。

从"文以气为主"说出发，曹丕又提出了"诗赋欲丽"的重要见解。这同样是一个具有历史转折意义的见解。他在区分诗赋与奏议、书论、铭诔的不同时说：

夫文本同而末异，盖奏议宜雅，书论宜理，铭诔尚实，诗赋欲丽。

诗赋与其他文体的区别就在于它讲一个"丽"字。什么叫丽？丽就是好看，就是美。强调诗赋要"丽"，即要以审美为准则，这个思想跟过去，比方说跟汉代就很不一样。我们知道，西汉扬雄在谈到赋的时候说的是"诗人之赋丽以则，辞人之赋丽以淫"。"丽"是可以的，但要有限制，要有规范，否则就会过分，就不美了。所以主张"丽以则"，反对"丽以淫"。但到曹丕这儿，这个"则"便去掉了，因而"丽"也就突出出来了。那么"丽"意味着什么，"则"又意味着什么？"丽"总体上是偏于形式方面的好看，但形式好看必有相应好看的内容，这个内容不再是那种严肃刻板的外在伦理政治主题，而主要是与个体的日常生命活动和内在情感体验息息相关的旨趣。这样亲切动人的内容，加上和谐优美的形式，还能不好看吗？但"则"就是另回事了，它要在内容和形式上都套上一个社会政治、伦常礼教的僵硬规范，把文艺作品弄得很严肃，很刻板，那就好看不了了，因为"丽"已被"则"住了。所以曹丕的"诗赋欲丽"说，就给文艺大大地松了绑，使之可以向审美的自由境界大步前进了。

不过，曹丕的"丽"还主要不是那种柔弱的丽，优美的丽，而是一种宏健的丽，壮美的丽，用鲁迅的话说，叫做华丽，或者叫"于华丽以外，加上壮大"。之所以如此，是因为曹丕讲文学的"气"。一讲"气"，就不会太柔弱，就会有一种内在的力，一种人格的刚健和胸怀的壮慨。黄叔琳评《文心雕龙·风骨》说："气是风骨之本。"风骨，即包含胸怀的壮慨和人格的刚健在内，为一种壮美的情态。所以，曹丕评说"应玚和而不壮，刘桢壮而不密"，说"孔融体气高妙"，"然……理不胜辞，以至于杂以嘲戏"（《典论·论文》），说"公干有逸气，但未遒耳"，说"仲宣……惜其体弱"（《与吴质书》）等等，都是以壮美为褒贬文字、臧否人物的基本美学准则。当然，这里的壮美已主要不再是汉代那种外在感性的、物态形象的雄伟，而是偏于内在人格的刚健和主体情怀的壮慨了。

但无论如何，"华丽好看，却是曹丕提倡的功劳"（鲁迅《魏晋风度及文章与药及酒之关系》），这一点，同"文以气为主"说所内含的人的自觉，所体现的文学向人的生命情感世界的转向，在理论上是环环相连，有机统一的，都在艺术美学的历史转折中立下了开拓与突破之功。

嵇康的《声无哀乐论》

嵇康（001）不仅是历史上一位最具叛逆性格的思想家和正始时代的著名诗人，而且还是一位桀骜不驯的音乐家和独树一帜的美学家。众所周知，他曾面对屠刀，弹着一首《广陵散》，从容就义。《广陵散》是首什么曲子？据考证，那是一首旋律激昂慷慨、富有战斗意味的乐曲，因而常为统治阶级及其卫道者们所忌骂。朱熹说："其声最不和平，有臣凌君之意。"（《琴书大全》引《紫阳琴书》）宋濂也指责该曲："其声愤怒躁急，不可为训，宁可为法乎？"（《琴书大全》引

001　嵇康（明万历刻
本《列仙全传》插图）

《太古遗音》）从这些责骂声里，不难想见此曲的
风格。嵇康唯爱此曲，一方面说明了他特立独行
的叛逆性格和反抗精神，另一方面也说明他对音
乐有着独到的品位和深厚的修养。这使他写出了
有名的《琴赋》，更写出了极其重要的音乐美学
论文《声无哀乐论》。该论文是继曹丕《典
论·论文》之后，推动艺术理念向主体情感世界

进一步聚焦与回归的重要理论环节。

　　《声无哀乐论》的首要特色，就是把理论矛头直接对准了以《乐记》为代表的正统儒家音乐美学。我们知道，《乐记》对音乐的基本规定就是"其本在人心之感于物也"。这个规定一方面指出音乐是"本在人心"的，因而是抒情的、表现的艺术；另一方面又指出音乐是"感于物"的，也就是说，"凡音之起，由人心生也；人心之动，物使之然也。"正是从这儿出发，《乐记》又把音乐的最终根源置于客观的"物"的世界中。这在理论上本没有什么错。但问题在于，《乐记》由此赋予音乐一种客观伦理的认知价值和政教功能。音乐的情感变化可以反映政治伦理现实的治乱盛衰之变化，即所谓"治世之音安以乐，亡国之音哀以思"。所以，"乐者，通伦理者也"，"审声以知音，审音以知乐，审乐以知政，而治道备矣"（《乐本篇》）。音乐整个就变成了伦理政治的一个工具，其自由抒情的审美本性反倒被淹没遮蔽了。

　　嵇康在《声无哀乐论》中，用虚设的秦客（象征正统音乐美学）和东野主人（暗喻作者自

己）之间一问一答的形式，对整个儒家音乐美
学给予驳难和清算。他的基本观点是："声之于
心，明为二物。"音乐只是一种"自然之和"，与
人的情感变化是"殊途异轨，不相经纬"的。音
乐以声音的繁简、高低、大小、轻重为体，其四
时律吕，宫商集化，"皆自然相待，不假人以为
用也。"也就是说，音乐就是音乐，它只是自然
的声音所表现出来的一种和谐形式，本身并不对
人承诺什么功能、效应和义务，也并不反映社会
政治情感伦理的变化，"虽遭遇浊乱，其体自若
而不变也"。人间的治乱盛衰不会改变五声之律，
人情的悲欢哀乐也无关乎自然之和。既然如此，
那种认为"哀乐之情，表于金石；安乐之象，形
于管弦"，以及"文王之功德，与风俗之盛衰，
皆可象之于声音"的正统说法，都不过是"俗儒
妄记，欲神其事而追为耳"，实际上这只是为了
"令天下惑声音之道"，以欺骗糊弄后代罢了。总
之，音乐本身作为"自然之和"，独立于任何伦
理认知的内容和道德教化的价值之外，它是一个
纯粹的声音之美，自然之美。这就从音乐本体的
角度，尖锐抨击和彻底清算了先秦以来正统的儒

家音乐美学观。

可是音乐毕竟会引起人或哀或乐的情感体验呀！这该怎样解释呢？嵇康认为，这并非音乐本身含有"哀乐之情"，而是人在日常生活中已经积聚了或悲或欢的情感经验，一旦受到音乐的触动和感发，这种悲欢经验就会不由自主地表现出或哀或乐的情感反应，即所谓"哀乐……先遘于心，但因和声，以自显发"。就好比人喝酒后，会表现出喜怒之情，你不能说酒本身有什么"喜怒之理"，而只能说人心中的喜怒之情被酒所引发出来而已。这就可以说明，面对同样和谐的音乐，为什么有的人会"惨然而泣"，有的人则"忻然而欢"，因为人心中所积存的情感是各个不同的。嵇康在《琴赋》里也讲了同样的思想。他说，琴声作为至和之音，"诚可以感荡心志，发泄幽情矣。是故怀戚者闻之，则……愀怆伤心；其康乐者闻之，则……抃舞踊溢"。所以，《声无哀乐论》的最终结论，就是"声音自当以善恶（即清浊）为主，则无关乎哀乐。哀乐自当以情感，则无系于声音"。由此可知，乐者而欢，悲者而泣，这原本是人的内在"幽情"之"发泄"，而非音声之本意也。

稽康把人欣赏音乐时所产生的哀乐之情同音乐本身完全分离开来，认为二者之间是没关系的，很明显，这是一种带有二元论色彩的看法，在理论上有牵强之处，而且稽康的论证有时也显得矛盾，诸如当他说到古代理想社会时，则认为那时是"凯乐之情，见于金石；含弘光大，显于音声也"，即欢乐之情与音乐之声是一体的，只是后来社会衰败了，声之与情，才明为二物。这里的理论龃龉是显而易见的，但这并不能掩盖稽康美学思想的贡献。实际上，稽康"声无哀乐"说的美学实质和历史意义，一方面是用"自然之和"的概念净化了音乐，剔除了儒家美学赋予音乐的种种非"自然"的伦理内涵和功能，还音乐（也是整个艺术）以一种不假人以为用的独立自主的本体存在，一种自身就是目的的纯粹自然的美。另一方面，又用"以自显发"的理论指明了音乐审美情感发生的主体性本源，从而把审美情感范畴从客观的伦理价值体系的覆盖与规范中解放出来，从对象决定论的认知模式中解放出来，还它以能动的、主观的、自由的本来面目。这就进一步肯定和高扬了曹丕所开掘的个体内在情感世界的意义。

正因为在嵇康这个环节上，主体的个性情感的自由品格空前地凸现出来，所以魏晋美学将情感范畴纳入理论视野的核心和焦点，就是顺理成章呼之欲出的事了。

陆机的"诗缘情"说

西晋时期，建安以来"自我超越"的审美文化主题已发展到全面落实阶段。如前所述，这一时期文学的抒情化、形式化、文人化、优美化色彩日益突出，即为其重要标识之一。这一切反映到艺术美学上，则是自曹丕以来所倡扬，又经嵇康深入推动的表情论思潮的瓜熟蒂落走向成熟，其标志便是陆机《文赋》的产生和"缘情"论的提出。

陆机《文赋》（彩图3）是古代美学史上第

一篇全面系统地论述文学审美特征的文章。它的产生本身，在很大程度上即意味着古代艺术美学已真正步入了理论自觉和学术独立之门。尤其值得注意的是，它用一种经验描述的文学化话语方式，精辟地揭示了艺术创造过程中审美心理的内在结构特征，体悟到了艺术的审美本质和规律，在美学史上意义重大。其中首先要提的，就是它的"诗缘情而绮靡"一说。

《文赋》是在区分各种文体的审美特征时提出这一学说的。它说：

> 诗缘情而绮靡，赋体物而浏亮。碑披文以相质，诔缠绵而凄怆。铭博约而温润，箴顿挫而清壮。颂优游以彬蔚，论精微而朗畅。奏平彻以闲雅，说炜晔而谲诳。

对文体进行分类，是魏晋以来一个突出的美学现象。曹丕将文学分为奏议、书论、铭诔、诗赋四科，到了陆机，便有了上面的十分法。这种文体分类的逐渐细化，反映了美学对文学的理解更加精深和纯粹。这种理解的精深和纯粹不仅体现在文体形式上，而且也表现在文体内涵上。最重要的，是对诗赋看法的日渐深化。如前所述，曹丕说"诗赋欲丽"，这对汉人讲的"诗人之赋丽以则"已经有重大的超越，而陆机则更明确地说"诗缘情而绮靡，赋体物而浏亮"，不仅愈加肯定诗赋形式的清绮优美，而且还直窥诗赋艺术的审美特质，赋是以体物为主的，而诗则以缘情为要。对赋的体物特征，我们在汉代部分已有充分描述，恕不再赘。然对诗的缘情本质，却值得稍做一番考察和辨析。

最关键的是理清"诗缘情"与"诗言志"之间在审美内涵上的历史承继关系。显然，这是两个联系极为密切的诗学命题。我们知道，"诗言志"早在先秦即已提出，而在谈曹丕时，我们也已就该命题作过考辨，指出它是偏于内向性、主体性、表现性的，然而其所"言"之"志"又偏重于一种主体性的伦理怀抱和道德情怀，而不是一种纯个体的生命情感体验。它的意义基本是"发乎情，止乎礼义"。有个体的"情"的因素，但归结处是社会的"理"，或者说是个体情感意向同社会伦理目标的融合。但曹丕的"文以气为主"说一出，则将"志"的这个意思大大突破了，艺术的伦理政教功能开始被疏淡，而其内含的个体生命表现的意味则突出出来。然而"气"的美学内涵仍嫌宽泛和抽象，缺乏明确的理论规定性。于是，陆机"诗缘情"说的重大意义便凸现了出来。该说不仅扬弃了"言志"论中的伦理政教内容，而且也超越了曹丕学说中生命气性意涵的宽泛性和抽象性，使艺术的焦点、核心明确地凝定在个体的情感上，即将宽泛的"气"凝定为具体的"情"。朱自清说"缘情"是"言志"以外的"一个新标目"，是"将'吟咏情性'一语简单化、普遍化"了。它强调诗（艺术）表达的是"一己的穷通出处"，而"与政教无甚关涉处"[2]。应当说，这是一个深得"缘情"说之精髓的经典阐释。从此，"缘情"论便取代先秦以来的"言志"说，成为中国艺术美学的主流话语之一。当然，其后仍有"言志"说的某种影子在，但更多的情况下，"志"的意思已接近了"情"，主要指个体的性情、七情、情志了。这意味着，自陆机开始，一种同"自我超越"时代主题相呼应的、以内向化、"一己"化、个人化为特征的表情主义美学思潮已然确立。

　　同"缘情"命题相联系的是"绮靡"概念。

陆机所谓"绮靡"者，清妙秀丽之意也，柔婉优美之态也。"缘情"一说偏于内心、抒情、写意、表现，这种美学观念反映在形式层面上，就必然呈现为一种清绮的、优美的艺术风貌。为什么这么说呢？这是因为崇尚"缘情"的审美主体是只向内寻求的，只关注自我的情感心灵之体验的，对外部世界是持超越态度的，这样自然就回避了因向外追求而发生的主客矛盾和冲突，消泯了因这种矛盾冲突而产生的动荡、亢奋之状态，由此所呈现出来的也当然不是包含着矛盾冲突因素的壮美气象，而只能是宁静、清绮、和谐、自由的优美风貌。这也就是缘情写意的艺术往往偏于优美形态的根本原因。

"绮靡"，实际上既是一个优美范畴，也是一个形式美概念，所以，讲究"诗缘情而绮靡"的陆机也是一个极重形式之美的人。他在诗歌写作上即自觉追求词采声色、排偶对仗，是西晋作家的代表。在美学上他也有意提倡形式的美，主张好作品应"播芳蕤之馥馥，发青条之森森"，这对后代形式美学有着极为关键的推动和影响。罗根泽说正是这种形式美追求，表明"魏晋以至六朝才是纯文学的时代呢"[3]。而陆机所谓形式，首要的就是一种"绮靡"的亦即优美的形式。他主张文学应"会意也尚巧，遣言也贵妍"，即表达意趣要巧，结构语言要美，其标准便是"藻思绮合，清丽芊眠"，这显然是一种优美化的形式标准。如果把这里讲的"尚巧""贵妍""绮合""清丽"同秦汉时代强调的"奇伟俶傥"的"弘丽之文"相比照，就不难看出在陆机的形式美意识中，优美已取代壮美而渐趋主导了。其次，陆机又认为辞采形式是受内在情感所规定的。内在的情感必显示于外在的形式，"信情貌之不差，故每变而在颜"，情和貌，内心和外表，是诚中形外的主次本末之关系。反之，"言寡情而鲜爱，辞浮漂而不归"，要是缺乏深爱挚情，缺乏真切的感受和体验，形式就必然会外在于内容，虚浮空洞，无所依归，也就谈不上美。艺术形式只是主体内在情感的自然凝结和感性显现。这一看法同那种脱离情感内容的形式美理论比起来，显然是合理的，也揭示了形式美学在古代往往同抒情思潮难分难解的重要特点。再次，既然陆机崇尚优美的形式，而形式的优美，也就是形式各要素之间所达成的多样统一的有机和谐。所以，他明确反对那种"混妍媸而成体"的"和"，认为这种"和"是"虽应而不合"，因为这种矛盾因素的混合、杂糅并不是真正的"和"。只有"丰约之裁，俯仰之形，因宜适变，曲有微情"，即将形式各要素恰当而有机的搭配起来，实现"暨音声之迭代，若五色之相宣"这种多样统一的内在协调，才是真正的"和"。在这里，陆机开始提出一种形式美规则。他所理解的美的形式，不是那种杂多因素的混合，而是各形式要素之间既有五色之异又有互调相适，既变化多样又有序统一，从而具有一种"曲有微情"耐人品味的和谐之美。应当说，这种在差异多样中求和谐统一的观念，尽管表述得还不够具体和明确，但却成为南朝沈约形式美学的重要思想资源和出发点。

陆机《文赋》不仅提出了"诗缘情"的重要命题，论述了文学的语词形式及其优美化标准，而且还深入细致地描述了文学创作的心理结构、心理过程，其中对文学的审美感知、想象、理性、情感等基本心理因素所做的具体而精微的阐发，在古代也算得上首屈一指，有着不可轻视的筚路蓝缕之功。

审美感知在陆机那里是文学创作的首要环节和基础，所以一开始就被纳入了《文赋》的视野。但陆机笔下的审美感知，主要是一种"伫中区以玄览"的活动。这有点类似嵇康所讲的"有主于中，以内乐外"的玄趣。显然，陆机所理解的感知，不是单纯反映论意义的，而是更接近心理学范畴的，是一种以内心的自由观照为基点的内与外、心与物互感相应的活动，所以它表现为"遵四时以叹逝，瞻万物而思纷""悲落叶于劲秋，喜柔条于芳春"的心理情状。在这里，对象物已不是纯然外在的、物质的存在，而是和作家的主观感受、情感想象等心理因素浑然交融的审美意象。一事一物，一草一木，无不浸染着人的喜怒哀乐，应和着人的思绪心情。这样作家便有了"慨投篇而援笔，聊宣之乎斯文"的创造冲动。

但这种审美感知毕竟还不是艺术创造。它需要插上审美想象的翅膀才能开始创作。于是，陆机创造性地深入了艺术想象的世界，他说："其始也，皆收视反听，耽思傍讯，精骛八极，心游万仞"，"浮天渊以安流，濯下泉而潜浸"，"观古今于须臾，抚四海于一瞬"。这些绝妙语句，极其精当地描述了审美想象无限自由的特点。它可以突破"八极""万仞""天渊""下泉""古今""四海"等等客观的物理时空的限制，使之都变成可以为人所自由驱遣组合的主观心理的时空表象，变成一种人格化、情感化的自由形式。值得注意的是，陆机所说的想象，并不是客观表象与主观心理的简单拼接和嵌合，而是所谓"课虚无以责有，叩寂寞而求音"，即从无限空静自由的心境出发，以"无"责"有"，以"虚"求"实"，以"心"融"物"，以"意"变"象"。这同玄学所讲的"崇无御有""以内乐外"等是相通的。心、意相对于物、象就是一种无，一种虚，然而并不是绝对的空洞和抽象，而是在"收视反听"之后已内在地涵摄了各种感性的审美表象（"有"）于自身之中，已将个别、有限、具体、感性的物象融化为普遍、一般、无限、理性的内在心意形式，因此只要"罄澄心以凝思，眇众虑以为言"，用一种澄净无限的心境去对待、观照万有众象，就会尽情地"笼天地于形内，挫万物于笔端"，创造出一个鲜活新颖、妙趣盎然的艺术世界。这就是审美想象中有与无、虚与实、动与静、心与物、意与象、情与景等等的辩证法。应当说，陆机对想象的理解是相当深刻的。

想象的展翅飞翔是靠情感来推动的。陆机的"缘情"命题，奠定了情感在艺术中的审美中介与核心的地位，所以在陆机对创作过程的描述中，情感是贯乎始终的。审美感知表现为"心懔懔以怀霜，志眇眇而临云"，"悲落叶于劲秋，喜柔条于芳春"的情景相融之状貌，而审美想象则表现为"思涉乐其必笑，方言哀而已叹"，"思风发于胸臆，言泉流于唇齿"的情思飞扬之丰采。作为艺术的中介，情感像有一只神奇的手，既赋予感知表象以内在的生命和意趣，也赋予想象以感性的冲动和无限的自由。

然而陆机在强调主观情感自由想象时，并没有忘记理性。在他看来，情感想象作为艺术之"质"，离不开"理"的扶持，所以他讲究"理扶质以立干"，要求艺术应有"辞达而理举"的刚正之骨。这个"理"是什么？陆机没明说，不过综观全文，大约包含伦理之理，也有一般理性的意思。他主张"颐情志于典坟"，即通过学习古经圣典王道伦理来颐养情志，陶冶情操。这里的"典坟"所意喻的"理"就既是伦理，也是一般道理。不过他更强调的是"理"在"情"中，认为如果"六情底滞，志往神留"，就会使艺术"兀若枯木，豁若涸流"，即要是理性压制了情感神思，艺术的无限生趣和意味就丧失了。所以，艺术不应是"顿精爽以自求"的有意雕琢，而应是"操觚以率尔"的自由表现。从这个意义上说，陆机心目中的"理"是既能扶持情思，同时又不掩蔽情思的"理"，是以"情"为本的"理"。这也是一个非常精辟的阐述，对后来司空图、严羽等人有关情、理关系的美学思想影响极大。

总而言之，陆机《文赋》对艺术审美特征的直悟和描述，无论在系统性上，还是在深刻性上，都是前所未有的。就魏晋之际艺术美学的发展说，它继曹丕《典论·论文》和嵇康《声无哀乐论》之后，进一步将偏于自我、个体、情感、心意的时代审美新潮推向了更高、更自觉的阶段。它意味着，魏晋之际"自我超越"的时代主题在艺术美学领域已结出了相当成熟的思想果实。

〔1〕　《中国文学批评史》(一)第 42 页，上海古籍出版社，1984 年版。

〔2〕　《诗言志辨》第 34—35 页，华东师范大学出版社，1996 年版。

〔3〕　《中国文学批评史》(一)第 154 页，上海古籍出版社，1984 年版。

东晋南朝的心灵感荡

建武元年（317），司马懿的曾孙司马睿在江南即晋王位，次年登上皇座，史称晋元帝，都于建康（今江苏南京），是为东晋。自此，中国审美文化的重心从北方移往南方。

我们这里要重点描述的，是大约从东晋到南朝宋、齐这一历史阶段审美文化的发展过程。当然，这一历史分期是相对的，其与前后时期的重叠交叉不可避免。但我们之所以要这样分，是因为这一阶段的审美文化具有一种相对内在的历史联系和大致统一的演化趋势。如果说，在魏晋南北朝这一中国审美文化的"大转折"过程中，魏晋之际主要承担的是一种以"自我超越"为主旨的开拓使命的话，那么，这一阶段则可视为以"心灵感荡"为特征的全面深化期，是"大转折"历史过程的真正展现和全面落实。

"心灵感荡"一语，取自钟嵘《诗品》中的一句话："凡此种种，感荡心灵。"这里只是借用此语对本阶段审美文化特征做一个概要描述，表示本阶段实为中国士人在"自我超越"的人格追求之后，其内在心灵、性灵、精神获得空前开发和拓展的一个时期；而所谓"感荡"，则喻示主体的内在"心灵"在这一过程中所表现出的鼓满生趣空前活泼的特定状态。

东晋至南朝宋、齐这一阶段的审美文化之所以会表现出"心灵感荡"的状态，原因是多方面的，最主要的是其社会历史语境已与魏晋之际有所不同。政治上，这一阶段虽仍有上层统治集团连绵不断的皇位争夺，有士、庶之间的权利冲突，有士族内部南、北势力之间的矛盾，还有南、北方之间一次次的攻伐战争等等，但总的来看，已比魏晋之际安定和平了许多。特别是东晋，司马氏与王、庾、桓、谢四大士族"共天下"，以相互制约的形式保持了政治上大致均衡缓和的态势，使司马氏的皇位得以维持了百年之久。随着政治的相对稳定，这一阶段的经济也有了较大的发展。尤其由于大量北方汉族人民迁徙南方，"中州士女避乱江左者十六七"，从而给江南带来了先进的生产技术，使以长江三角洲为中心的南方广大地区得到了开发，中国经济重心开始由黄河流域向长江流域转移。政治的相对稳定，经济的空前繁荣，也极大地推动了东晋南朝文化上的进步，使之成为中华文明在江南一带大发展的历史时期。这里面最值得重视的便是佛教文化，尤其是佛学思想的广泛传播和渗透。如果说魏晋之际的主流意识形态是玄学体系的话，那么这个阶段的主流意识形态则是佛学思潮。它对审美文化的新发展、新趋向有着重要的语境意义。

然而，政治经济也好，意识形态也好，其对审美文化的影响并不是、也不可能是直接的，这里面需要一系列中介；而其中最重要、最有力的中介，便是作为文化主体的人，特别是汉末三国崛起而到东晋达到鼎盛的门阀士族这一社会阶层力量，他们是这一阶段政治、经济，特别是文化领域里绝对的主宰。即使在南朝各代，门阀士族虽放弃了政权、兵权，但其高贵的政治地位、社会地位依然不变，尤其在文化上仍然是主导与核心。所以，他们的人生哲学、价值观念、生活方式、审美趣好等直接决定着此阶段审美文化的发展水平和趋向。一般说来，门阀士族作为世袭特权阶层，本就无意于在社会政治生活中有所作为，他们往往轻视世事，鄙薄事功，脱离实际，务虚尚玄，因而极易在纯精神的领域寻找自己心灵的栖息地。这样，先是玄学清谈，然后是佛学思辨，就成为他们主要的生存状态和思想方式。魏晋之际他们以手捧"三玄"(《老》《庄》《易》)相标榜；东晋以后，他们则将《般若》《涅槃》《金刚》置于案头，挂在嘴边了。正因如此，"灵"(心灵、智慧、精神)的一面在他们那里得到了较充分的拓展。这表明，本阶段审美文化所遭遇的社会现实语境已与魏晋之际迥然有异。这个差异反映在审美文化的内在矛盾结构上，则是魏晋之际那种个体与社会、"自然"与"名教"、情与理的尖锐冲突在此时已相对淡化，而人与自然、内心与外物、形与神、意与象之间的关系则凸现出来。于是，魏晋之际那种个体在变乱黑暗的现实中所努力追求的自我超越的人格理想，在此时似乎已失去了突出的意义，个体似乎用不着通过某种放浪形骸、特立独行的方式显耀自我的存在了。与此相对的是，一种拓展主体精神、深入内心世界、追求心灵无限自由的文化欲求则日益成为这一时代的主流。中国古代审美文化理念从偏于人格(自我)本体论的建构，开始过渡、转化到精神(心灵)本体论的沉思上来。这种由人格而精神、由自我而心灵的过渡转化，表明了审美文化一种更加内向化、心意化，因而也更加"唯美"化的发展趋势。同时，又由于从外在的伦理目标回到了内在的心灵生活，人们的整个精神状态也不再像"竹林七贤"那样激进，那样过于突出自我人格之超越了，而是心情上淡静了许多，和谐了许多，在审美上也更加倾向于意趣的玩味和心物的合一了。鲁迅说得好："到东晋，风气变了。社会思想平静很多，各处都夹入了佛教的思想。再至晋末，乱也看惯了，篡也看惯了，文章便更和平。"(《魏晋风度及文章与药及酒之关系》) 所以，这一时代的文学艺术便不再有魏晋之际那么多的悲云苦雾，而是显得柔和婉媚些了，而专门思考文学艺术的美学也开始有意地讲一些崇尚圆润优美之类的话了。审美文化相对而言显得少了一些阳刚之气，而多了一些阴柔之趣。

1 / 《洛神赋图卷》
（东晋，顾恺之绘，宋人摹本）

画面上，曹植那痴情凝视、怅然若失的表情，宓妃那含情脉脉、回眸盼睐的神意，"怅盘桓而不能去"的情绪氛围，"吾将归乎东路"的悲怆心境，以及所配置的一切景物，如山石、树木、水浪、舟车、马匹、鸟兽、器具等等，无不彼此应对，相互生色，恰如其分地再现了原赋的情节内容，其写意识和技巧都是显明而突出的。

② / 《高逸图》
（唐，孙位绘，从右到左分别为"竹林七贤"中的山涛、王戎、刘伶、阮籍）

浮天〔渊〕之安流濯下泉而潜浸
於是沉辞怫悦若游鱼衔
钩而出重〔渊〕之深浮藻联翩
若翰鸟缨缴而坠曾云之
峻收百世之阙文采千载
之遗韵谢朝华於已披启夕
秀於未振观古今於须臾抚
四海於一瞬然后选义按部
考辞就班藏景者咸叩怀
响者〔必〕弹或〔言〕〔起〕而〔敷〕
波而讨源或本隐以末显或求
易而〔得〕难或〔虎〕〔变〕而〔兽〕扰或〔龙〕
见而鸟澜或妥帖或岨峿
罄澄心〔以〕凝思眇众虑
而为言笼天地於形内挫万物
於笔端始踯躅於燥吻终流离

③ / 陆机《文赋》
（唐，陆柬之书）

文賦

余每觀村士之作竊有以得其用

心夫其放言遣辭良多變矣妍

蚩好惡可得而言每自屬文尤見

其情恒患意不稱物文不逮意蓋

非知之難能之難也故作文賦

以述先士之盛藻因論作文之利

害所由他日殆可謂曲盡其妙至於操

斧伐柯雖取則不遠若夫隨手

之變良難以辭逐蓋所能言者

其於此云

佇中區以玄覽頤情志於典墳遵

四時以歎逝瞻萬物而思紛悲落

葉於勁秋嘉柔條於芳春心懍懍

以懷霜志眇眇而臨雲詠世德之

駿烈誦先人之清芬遊文章

之林府嘉麗藻之彬彬慨投

篇而援筆聊宣之乎斯文

文賦

余每觀材士之作竊有以得其用

矣其放言遣辭良多變矣妍

蚩好惡可得而言每自屬文尤見

其情恒患意不稱物文不逮意蓋

非知之難能之難也故作文賦

以述先士之盛藻因論作文之利

害所由他日殆可謂曲盡其於搽

1

『妙存环中』
佛学话语的美学意趣

正如谈魏晋之际审美文化不能不谈玄学一样，谈东晋之后的审美文化也不能不谈佛学，因为二者不仅都是各自阶段审美文化发展嬗变的重大语境因素之一，而且它们本身也因其深厚的美学意趣而成为审美文化发展中不可忽略的有机环节。

佛教在西汉末已传入中国，但很长时间内一

直被当作黄老道术看待。直到佛经翻译多了起来，人们对佛教的认识才慢慢有所提高。魏晋之际，佛教名僧多与玄学名士有交往，他们亦多善清谈。东晋以后，佛教教义开始正式以独立的哲学姿态出现。从玄学名士，到一般士人，大都开始由玄入释，迷上佛学。据说王羲之原来并不太瞧得起僧人，当名士孙绰向他介绍名僧支遁，说此人很有学问时，他还不屑一顾，"殊自轻之"。后来孙、支二人一起来他的住处拜访，他仍不理支遁。支遁离去，他也正好要出门，支遁便顺路对他讲论了一番庄子的《逍遥游》。羲之听罢，一下子就被迷住了，"遂披襟解带，留连不能已"（《世说新语·文学》）。当时玄、佛之间的界限尚不严明，佛学起初依附玄学，时人大都以玄解佛。支遁所论，也属玄言题目。但他毕竟是个名僧，玄谈之中已贯通佛理，所以"才藻新奇"，折服羲之。不光羲之，当时许多士人也都深信此说，认为这种"逍遥"论"皆是诸名贤寻味之所不得，后遂用支理"（《世说新语·言语》）。这从一个侧面反映了东晋之后士人普遍转向佛学的一种时代趣尚。

"非有非无"说

这一时期流传的佛学主要是大乘空宗般若学。般若，也称波若、钵罗若等，是梵文 Prajñā 的音译，意译为"智慧""明"等，是超越世俗到达涅槃彼岸的智慧，是成佛所需的特殊认识，而对"般若"义理的研究则称为般若学。佛学一开始依附于玄学，主要标志之一就是依然围绕着有无、动静、形神、内外等玄学概念、命题来思辨，尤以对有无关系的思辨为主。般若学最初即以玄学"以无为本"说为理论基础，由此出现了所谓"六家七宗"诸派，其中最主要的宗派有三：一曰"心无"宗，即"无心于万物，万物未尝无"，也就是只讲主观内心的虚静无物，却并未否定外物的实际存在；二曰"本无"宗，即"情尚于无多，触言以宾无"，也就是只讲"无"是万物的唯一本体，却对现象之"有"熟视无睹；三曰"即色"宗，即"明色不自色，故虽色而非色"（均见僧肇《不真空义》)，也就是认为一切现象都没有自身定性，所以是"非色"，是"空"，但没体悟到一切"色"（现象）本身就是"假有"，都非真实的实在。

般若学的这些意见分歧，是佛学中国化过程

的早期阶段必然会出现的。到东晋中后期的僧肇
这位中国化佛学体系的奠基人那里，才真正完善
了般若佛学。他提出了"非有非无"的所谓"中
道"观。在他看来，上述般若学中的种种看法，
有一个共同点，就是都把有和无看成真实的、实
在的东西，都执著于有和无之间的差别，而没有
看到它们本质上都是"不真"，都是"空"（"诸
法性空"），因而没有差别：

> 欲言其有，有非真生；欲言其无，事象即形。象形
> 不即无，非真非实有。（《不真空论》）

现象作为假象，毕竟是一种存在，故"非无"；
但现象的存在又是不真实的，是性空，故"非
有"。有非真有，无非真无，因而对它们的把握，
就应当"离于二边"，树立起"非有非无"的
"中道"观；也就是既不执著于"有"，也不执著
于"无"，而是坚守"契神于有无之间"的"中
道"。僧肇认为，这个"中道"观之所以成立，
是因为它以"至虚无生"为最终根据：

> 夫至虚无生者，盖是般若玄鉴之妙趣，有物之宗极
> 也。（《不真空论》）

"至虚无生"既是体悟宇宙最高真理的根本旨趣之所在，也是世间万法的实相和本质，这两个方面（即认识论和本体论）的统一，就决定了般若智慧必归于"非有非无"的"中道"观。这就从根本上将有、无之间的差异和对立彻底消除了，从另一方面说也是将有和无天衣无缝地融合起来了：既是非有非无，也是即有即无，因为在"至虚无生"的最终根据那里，这都是一样的，没有任何差别的。

可以看出，般若佛学既依附于玄学，又改造扬弃了玄学。玄学讲究"以无为本""崇本举末"，是在保留"有""无"差别的前提下将"有"统一于"无"；而般若学则通过"非有非无"的"中道"观或"性空"论，彻底消除了"有""无"的差别，其实质也就是泯灭了本体和现象的差别，使之在理论上真正达到了圆融无间和谐如一。正由于这一结构性改造和转换，魏晋玄学在"以无御有""物物而无累于物"的理想下面仍包含的物我差异和对立，在般若佛学这里完全消失，人与对象、物与我之间真正形成了契合两忘的一体化关系。

"物我俱一"论

般若学破除了有和无的差异和对立，就在理论上为它建立一种不同于玄学的新的物我关系模式铺平了道路。

如前所述，般若学将整个现象界、宇宙界的本质都理解为性空不实，"至虚无生"，正是凭这一点，它将玄学中的有、无对立消解了，进击超越了玄学。那么，这个"至虚无生"的佛性本体是否可以说就是与感性界、现象界截然无干的绝对空洞、虚无和死寂呢？也不是。恰恰相反，在般若学看来，它不但一点也不空洞、虚无和死寂，而且它就住在生意盎然的"六情""诸法"之中，住在此岸世界凡俗人间里，即所谓"佛无定所，应物而现，在净为净，在秽为秽"（僧肇《维摩经注·菩萨行品》）。"诸法实相即是涅槃"（龙树《中论》），也就是说，佛无处不在，所以，形形色色的大千世界，人伦现实，由于佛性本体的存驻和显现，就不再单纯是原来那个有限个别的世界了，它变成了充满无限意义的对象，正如竺道生所说："日月之照无不表色，而盲者不见，岂日月过耶？佛亦如是。"（《维摩诘经·佛国品》）好比艳阳明月的普照使万物显出了形影光色一样，佛性的光辉使世间的一切充满了生趣和意味。它消除了万有诸法那种完全外在于人的纯粹的物质性、个别性和冷漠性，而使之成为灌注和显现着佛性本体的、具有无限韵味的所在。

这样，对于般若智慧来说，就有了两个认知层面。否定世俗认识，体悟"性空"本体，即看到世界"至虚无生"的寂灭相，属于"虚其心"的层面，而"从寂灭中出，住六情中"，感应诸法，会通万物，即看到世界生趣鲜活的世俗相，则属于"实其照"的层面。这两个层面统一起来，就是最高的般若智慧，就是"圣心"。僧肇说："是以圣人虚其心而实其照，终日知而未尝知也。"（《般若无知论》）因此，正如对待有和无，应"契神于有无之间"一样，般若智慧在对待主与客、心和物、真和俗、虚和实等等关系时，也应"离于二边"，不执不偏，使之泯然无别，圆融如一。所以在僧肇那里，般若智慧实际就是处理主客、心物关系的一种全新的思维模式，其基本义理用他的话说，就是"三明镜于内，神光照于外"，就是"内外相与以成其照功"

（《般若无知论》），或者就是"妙存环中"，"物我俱一"（《维摩诘所说经注·问疾品》），一句话，就是主与客、内与外、我与物的泯然无别，两忘如一。

这一主客两忘、真俗无别、"内外相与""物我俱一"的般若义理的表述，意义重大。从佛学哲学的层面看，它追求的是涅槃彼岸，成佛境界，而从审美文化的角度看，它的"合理内核"，实际上与中国美学正在追求的审美境界息息相通。正是在这个意义上，佛学义理开始被引进了美学，转换为美学。

般若义理与审美境界

说般若佛学所表述的主客两忘、真俗无别、"内外相与""物我俱一"的基本义理，与中国审美文化精神、特别是审美境界理论息息相通，主要基于以下的考虑和判断：

一方面，它使主体成为真正自由的主体，确

切地说，成为真正自由的心灵或精神，用宗炳的话说，就是成为"畅于己也无穷"的"精神我"（《明佛论》，《弘明集》卷二）。我们知道，主体的超越性、自由性的获得是审美文化走向自觉和独立的一个重要标志。建安以来，追求主体的自由成为审美文化的一个主旋律。魏晋之际"自我超越"的时代主题，便反映了这一主旋律。"统无御有""物物而无累于物"的玄学义理，则是对这种主体性自由的一种新的理论构想。它旨在塑造的是一种超越型的"人格我"。但如前所述，这个理论构想，特别是这个"人格我"的塑造，是以保留无和有、主与客、我和物的差别为前提的，这就又决定了其主体的自由必然是有限的。般若佛学在玄学的基础上，建立了主客两忘、物我俱一的思维模式，便消除了这种主体自由的有限性。为什么这样说呢？因为，在般若学这里，"我"（主体）由于和"物"（客体）是泯然无别、两忘俱一的，所以就不会存在"物物"，自然也就谈不上"无累于物"。这里的真实情形是，"我"（主体、精神、心灵）只要"畅于己"就会至于"无穷"，即只要充分地、尽情地发扬自己的内心或精神，就会进入一种无所囿限的自由境界。因为这个"精神我"与外在"物"是泯然两忘圆融如一的，因而它在"畅于己"时，绝对不会遇到（或根本不存在）来自"物"世界的抵抗。非但不会遇到"物"的抵抗，而且"我"与"物"呈现的是一种自由感应的和谐关系；即如僧肇所说："圣心虚微，妙绝常境，感无不应，会无不通。"（《肇论·答刘遗民》）沈约说得更明白："推极神道，原本心灵。感之所召，跨无边而咫尺。"（《佛记序》）心灵是万物之本体，所以外物不仅不会构成心灵的感性边界，反而成为心灵所自由感召、纵意化应的诗意对象。从这个意义是说，般若佛学极大地开发了人的心灵，解放了人的精神，将玄学的人格（自我）本体论转换为佛学的精神（心灵）本体论，使主体从有限自由的"人格我"上升为无限自由的"精神我"。这反映在审美文化、艺术观念上，则意味着在魏晋"缘情"论崛兴的同时，一种偏于畅神的、写意的审美思潮也将于晋宋之后的佛学语境中开始生成。

另一方面，般若义理也使客体成为真正自由的客体，成为自身具有审美意味的独立对象。就是说，客体一方随着主体自由性的真正获得，也同时具有了独立自由的品格。这也就是僧肇所说的："内有独鉴之明，外有万法之实。"（《般若无知论》）其学理在于，由于主客两忘、物我俱一的思维模式的建立，客体对象在这里就发生了意义的转换，它既不再是外在于"我"（主体）的一种纯粹的"物"，一种与"我"无关的纯感性个别的存在，也不再是烘托主体的一种单纯的喻体和背景，一种只有依附于"我"才能获得意义的外部媒介，而是本身即灌注和显现着真如佛性、与主体心灵息息相通的所在，因而是具有内在无限意味的独立性对象。一山一水，一草一木，在这里都不再是冷漠疏远的纯然外在物，而是成为一种富有情趣和韵味的诗性境界。在般若佛学的描述中，对象界呈现的是这样的情态：它非有非无，非真非假；它空灵冲淡，无迹可求；它"如幻、如焰、如水中月"；它"如梦、如影、如镜中像"（鸠摩罗什《大品般若经》卷一）。这种客体对象的情趣化、韵味化、空灵化、精神化特征，不正是山水美、自然美走向真正独立的思想背景和渊源吗？从远处讲，不正是唐宋以后所津津乐道孜孜以求的审美意境、艺术意境吗？

从艺术理念上说，主客两忘、物我俱一的思维模式，也使得人与对象之间构成了一种真正的审美自由关系。艺术创造主体对对象的体悟和把握，其方式也就不再是"物物"的、摹拟的、象形的、写实的，而是追求"超以象外"、畅神写意的，即如僧肇所说的："穷微言之美，极象外之谈者也。"（《涅槃无名论》）也就是在有限中体认无限，在感性中直窥理性，在物景中品味情趣，在形象中妙悟意趣。这是中国审美文化中一种非常独特的审美鉴赏理念和艺术把握方式。这种佛学形态的审美理念和艺术方式，与后来司空图所讲的"味外之旨""韵外之致"等诗学命题，不正有着深刻的学理性渊源关系吗？

所以可以说，般若佛学的传播和渗透，构成了古代审美文化发展上升的又一深厚资源和历史契机。

2 『会心林水』
自然美的崛然独立

晋宋以来审美文化发展的一个重大转折，首先是在现实美领域里，自然美从作为社会美、人格美之陪衬和背景的附属地位中解放出来，以一种崛然而起的姿态走向了独立。

佛学语境与自然之美

我们知道，魏晋之际现实美的主流形态是以人物美为核心的社会美，其标志便是时人争相标榜的所谓"魏晋风度"。在这个用"魏晋风度"一词来描述的人物美风尚中，自然美虽然已为时人所广泛关注，但与人物美尚未达到两忘俱一的境界，还基本是作为人物美的一种外在形式，一种背景、烘托、喻体而存在。我们还谈到，人物美之所以会成为魏晋之际现实美的主流形态，其审美文化语境根源，在思想层面上，是玄学话语的人格本体论体系；在一般的社会意识中，则是"自我超越"的时代主旨。但晋宋以后，这一审美文化语境已发生重要转换。般若佛学以精神（心灵）为最高本体的话语体系已取代玄学的人格（自我）本体论思维而日益成为主流。般若佛学所表述的主客两忘、物我俱一的认知模式，使客体对象与主体人的差别彻底消失，"物"的世界不再是"人"的对立物、异己物，不再作为"人"的仆役、衬托、喻体、背景而存在，而是与人（"精神我"）泯然无别、澹然两忘、和谐如一了。这样一来，自然界的美就不再是依附于人的，只为突出"人"这个中心而存在的，而是成了自身即具有无限意蕴，因而可与人的心灵息息相通的真正独立的审美对象。刘勰说："宋初文咏，体有因革。庄老告退，而山水方滋。"(《文心雕龙·明诗》)这里讲的虽然是文学向山水诗的变迁，但也隐约透露了自然美的独立，实与文化语境由玄而佛的历史转换息息相关。

"自来亲人"

正因山水草木，花鸟虫鱼，大凡自然中的一切，自身都蕴含着无尽的审美意味，所以它们作为独立的审美对象，便与人构成一种内在的和谐，成为人("精神我")可以与之默契、沟通、交流、"会心"的"自来亲人"。《世说新语·言语》中说：

> 简文入华林园，顾谓左右曰："会心处不必在远，翳然林水，便自有濠濮间想也，觉鸟兽禽鱼自来亲人。"

这种"会心林水"的生命感受，正标志着自然美在古代的真正凸现和诞生。因为它意味着，自然万物从此不再是神秘的、冷漠的、遥远的、纯物质的存在，也不仅仅是显示人之清高、隐逸、超世、脱俗等品格的外在背景或比兴媒介，而已经是人们能够与之"会心"、在感情上可以与之交融的"自来亲人"，是与人没有任何物种区别的、如同同胞亲族一样的天然知己。这在审美意识、文化观念上是一种多么重大的变化呵！这里消失了任何的自然崇拜、图腾顶礼，也不见了人对于自然的主宰感、优越感，天与人、物与我之间是一种天然契合的、同构同源的、两忘俱一的关系。它意味着，人与自然之间一种真正审美化、诗意化的关系形成了。

在晋宋之际士大夫的心目中，仿佛自然最亲近人，同情人，理解人。它使人们在那个动乱多忌的环境和年代里生成的一颗孤独寂寞的心，在花草林木、山水虫鱼之中找到了沟通和寄托，获得了抚爱与安慰。所以，人们争相以与自然相处

为乐、以与林水厮守为欢。《世说新语》载："张
湛好于斋前种松竹。"（《任诞》）"康僧渊……立
精舍，旁连岭，带长川，芳林列于轩庭，清流激
于堂宇。……（康氏）处之怡然，亦有以自得。"
（《栖逸》）"孙绰赋《遂初》，筑室畎川……斋前
种一株松，恒自手壅治之。"（《言语》）最有代表
性的是这段文字：

> 王子猷尝暂寄人空宅住，便令种竹。或问："暂
> 住何烦尔？"王啸咏良久，直指竹曰："何可一日无此
> 君？"（《任诞》）

这"何可一日无此君"之语，道出了弥漫在当时
士大夫阶层中的一种普遍心态和共同情趣。山林
草木的高洁清静、恬淡寂寞、天高地远、自在自
乐，与人们所向往的内在心灵的无限自由相契相
通。它使倦于世间污浊和喧嚣的人们，徜徉在山
水林木之间，"想长松下当有清风耳"（《世说新
语·言语》），体验着"会心林水"的那份精神的
和谐，那份内在的愉悦。

浪迹山水

魏晋时士人们浪迹山水已成风尚。如前述建安诗人、竹林七贤，都喜欢畅游园林，啸傲山涧，至东晋，此风益盛。高族名士争相修建园林别墅，游赏江南风景，将更多的时间和兴致投向了山水自然。如书法家王羲之有著名的"兰亭之游"。他在《临河叙》中记述道：

> 永和九年，岁在癸丑，莫春之初，会于会稽山阴之兰亭，修禊事也。群贤毕至，少长咸集。此地有崇山峻岭，茂林修竹。又有清流激湍，映带左右。引以为流觞曲水，列坐其次。是日也，天朗气清，惠风和畅，娱目骋怀，信可乐也。（《世说新语·企羡》注引）

这一段文字，宛如一幅画，让我们真切地感到贤人名士在山川林竹的怀抱里聚会畅游，饮酒赋诗，该是何等地娱目乐心。玄言诗人孙绰、许询在迷恋山水方面也很有名，据说他们"居于会稽，游放山水，十有余年"。不过此时士人们的游放山水，还不能视为已真正达到物我两忘之境，因为其行为更多地带有一层标榜自己"俱有高尚之志"（《晋书·孙楚传》附《孙绰传》）的意思在内，亦即自然景致的美是依附于人物风度之美的，所以总体上仍不逾人格本体的玄学文化语境。

晋宋以后，随着佛学精神取代玄学观念而成为社会意识主流，游山玩水真正成为士人们精神生活的内在需要。他们对于自然之美的依恋，已真正达到了"何可一日无此君"的境地。南朝刘宋时有名的高士宗炳，好山水，爱远游，以至于有人多次推荐他当官，甚至皇帝刘裕多次提拔他，他都"前后辟召竟不就"，自谓："吾栖隐丘壑三十年，岂可于王门折腰为吏耶？"他曾西涉荆巫，南登衡岳，遍历胜景，竟不知老之将至。后由于身体不好返回江陵，慨叹曰："噫！老病将至，名山恐难遍游，唯当澄怀观道，卧以游之。"于是，他便将一生所游历的名山大川，"皆图于壁，坐卧向之"（张彦远《历代名画记》），其对山水的狂热迷恋由此可见一斑。谢灵运也是一位山水迷。一般解释他的好游山水，是因政治欲望不得满足之后的一种自我排遣行为，此说似嫌过于简单。实际上，他的放浪山水，更与他的佛学观念及其影响下的审美意趣有关。他曾任永嘉太守。这个地方的山水之美很有名，而这正合他意。于是，他便"肆意游遨，遍历诸县，动逾旬朔，民间听讼，不复关怀"，把永嘉山水玩了一个遍后，他就称病辞职，回到了会稽老家，"修营别业，傍山带江，尽幽居之美"。后来又利用父祖留下的雄厚资财，"凿山浚湖，功役无已。寻山陟岭，必造幽峻，岩障千重，莫不备尽"，"尝自始宁南山，伐木开径，直至临海"（《宋书·谢灵运传》）。显然，这一切，只用一个政治情绪排遣说是无法讲清的。在这里，自然所具有的无尽意味和空灵境界，与谢灵运所追求的自由精神（心灵）是互契同构、息息相通的，这是导致他在山水面前流连忘返、醉心不已的更为深刻的原因。

有一个现象是非常重要的，那就是像宗炳、谢灵运这种痴迷山水的士人，往往也都是深谙般若、精熟佛理的，宗、谢二人甚至就是著名的佛学家。宗炳是名僧慧远大师的弟子，著《明佛论》，倡"三教（儒、道、释）共辙"之说。谢灵运更是元嘉之世佛法界的一位巨子，其所写《辨宗论》一文，折衷孔、释之言，讲

究"顿悟"之道。二人之说，皆构成佛学史的
重要思想环节。这一现象，绝非偶然。从根本
上说，般若学之义理与自然美之独立，确有难
分难解的内在联系，其中的道理我们前面已有
所论及，而最关键的一点就是在精神（心灵）
本体论的思维层面上主客两忘、物我俱一之关
系结构和认知模式的形成。人在与自然的朝夕
厮守中，可以体味到社会现实生活中所没有的
那种清寂、虚静、深邃、旷远，那种无限自由
的感觉和无以穷尽的意趣。自然界的一山一水，
一草一木，仿佛就是对人的心灵的某种暗示和
象征，都与人的内在情感体验相召唤、相契合，
或者说，似乎都是人的情感心理的一种外在形
式。《世说新语·言语》中说：

> 卫洗马初欲渡江，形神惨悴，语左右云："见此芒
> 芒，不觉百端交集。苟未免有情，亦复谁能遣此！"

这段文字说明，对山水自然中的某种意味、神
韵、情趣、启示的发现和觉悟，归根到底与人特
定的情感心理有关，是人对自身内心世界的发现
和觉悟。用近代德国美学家利普斯的术语说，这

是一种由内而外、内外合一的"移情"作用；而用般若佛学的话说，这则是在"三明镜于内，神光照于外"（僧肇《般若无知论》）的直观顿悟中所达到的"物我俱一"。

心灵超越

自然美偏于形式，是色、形、声、光等因素及其多样统一的有序组合。它不带明显的社会功利内容。相对于人间随处可见的复杂、动荡、嘈乱、危难、狭窄、变迁、冲突，自然界则相对地单纯、静穆、安宁、和平、旷远、永恒、和谐。自然界这种特有的时空属性和结构形式，就似乎成为"至虚无生"的精神本体和"非有非无"的般若智慧的感性映现，当然也仿佛成为一种印证人们物我两忘心灵自由的诗性境界。从这个意义上说，自然美的独立实际上正是人的心灵自由精神超越的产物。这也就是卫洗马那句"苟未免有情，亦复谁能遣此"的大致意思所在。黑格尔在谈到自然美的时候说，一方面自然界的万象纷呈本身"显出一种愉快的动人的外在和谐，引人入胜"；另一方面，"例如寂静的月夜，平静的山谷，其中有小溪蜿蜒地流着……这里的意蕴并不属于对象本身，而是在于所唤醒的心情"。[1]鲍桑葵甚至把自然美的发现同近代浪漫主义联系起来，因为二者"对于象征主义、对于性格和对于激情的热爱"等方面，"具有同一的根源"[2]。这都涉及一个同样的意思，即自然美独立的直接原因即在心灵的超越和自由，是人的自由心灵与自然结构形式的同构相应，互契交融。晋宋以来人们普遍地追求、渴念、迷恋大自然的美，虽并不等同于浪漫主义，但却与般若佛学精神本体论的广泛传播及其对人的心灵世界的空前开掘密切相关。

作为现实美的一大飞跃，自然美的独立为审美和艺术的发展提供了更加广阔的前景。从直接的审美效应看，晋宋之际山水画继人物画、山水诗继田园诗之后的历史性勃兴，就是自然美、山水美继人物美凸现之后正在走向独立这一审美文化进程的典型反映。

〔1〕 《美学》第 1 卷，第 170 页，商务印书馆，1979 年版。
〔2〕 《美学史》第 567 页，商务印书馆，1985 年版。

3

『形神之间』
绘画艺术与绘画美学

审美文化从魏晋之际以人物美为主发展到晋宋以后以自然美为尚这一历史进程，在绘画领域得到了十分鲜明而充分的展现。

魏晋以来，特别是东晋之后，中国绘画文化真正步入了一种自觉时代。这包括绘画艺术和绘画美学两方面。所谓自觉，即指绘画不再是直到三国曹植还在强调的一种"存乎鉴者"的手段，一种简单的伦理教化的工具，而是表现出了对绘画艺术之审美品格的自觉追求。正如潘天寿先生所说："魏晋以前之绘画，大抵为人伦之补助，政教之方便。"而到魏晋人那里，绘画观念则"由审美蹈入自由制作之境地，使吾国绘画史上渐见自由艺术之萌芽"〔1〕。这个评估是精到恰切的。

这一阶段的发展从外部征象上讲，其最鲜明的特点主要是绘画队伍的迅猛扩增，特别是士大夫阶层染指绘事者众多，名士胜流大都参与此道，甚至一代帝王，如魏少帝曹髦、晋明帝司马绍、梁元帝萧绎等也都以善画、爱画、赏画、藏画为乐事。这都在无形中提高了画家的社会地位。实际上，这一时期的统治者确实不再把精于绘事的人看做可供奴役的画工，而是给予他们特殊地位，使他们或做朝廷的画官，或做军阀的清客。他们成为一个有深厚的审美修养、有优裕的生活待遇、有足够时间和专门职业来从事创作的特殊阶层。绘画队伍的这种文人化、精英化、专业化，不仅直接促成了魏晋以降绘画艺术的全面繁荣，而且实际上也构成了这一阶段绘画艺术步入审美自觉境界的坚实基础和强大动因。因为很明显，只有在这个阶层的笔下，绘画艺术才会摆脱世俗日用生活的缠绕，真正走向超功利、超现实的审美之途、自由之境。

这一阶段绘画艺术走向自觉的审美文化历程大致是，先是魏晋以来人物画兴起，至东晋顾恺之则集其大成。晋宋以降，山水画又从人物画中（作为人物画的背景因素）分化出来，渐趋独立，宗炳则堪为代表。与这一绘画艺术实践相适应，绘画美学也围绕着形、神关系问题，在理论上展开了从顾恺之经谢赫到宗炳、王微的逻辑演变过程。

人物画

说起来，人物画的话题是应放在魏晋之际的题目下面谈论的。因为从审美文化语境上讲，人物画的兴起，与魏晋之际"自我超越"的时代主旨，与魏晋玄学人格本体的价值重建，与当时盛行人物品藻标榜名士风度的时尚等等是难分难解的，与以"魏晋风度"为标识的人物美的崛然凸现直接相关。我们拟在东晋南朝这一阶段谈这个问题，主要是想把它与山水画放在一起进行综观和描述，以便更清楚地看到绘画艺术的发展脉络和趋向。当然还有一个理由就是，人物画在东晋南朝有更大、更成熟的发展。

人物画在汉代以前就已出现，如汉代最常见的"圣贤图""帝王图""列女图"之类。但那时的人物画，一则是为了人伦政教之用，二则是偏于外形之似、相貌之真，即如毛延寿那样，讲究的是"人形丑好老少必得其真"，所以作为一种绘画艺术，总体上还是不独立、不自觉的。汉末三国时代，佛像画随同人物画一起发展，其中吴人曹不兴即以人物、佛像冠绝一时。据说他喜欢作大幅画，曾在五十尺长的绢布上画人物，运笔迅疾，转瞬即成，其"头面手足，胸臆肩背，无遗失尺度"（《古画品录》）。这当然也说明他的功夫还多表现在形似貌真一面。

曹不兴的学生卫协，亦长于人物和佛像，时称"画圣"。但他作为晋人，毕竟已大不同于其师。是时，玄言清谈在"有""无"之辩中，亦将形、神关系作了深入阐发，神主形从、神君形臣的观念已然通行天下，所以卫协画人物已不拘于形体之似，而是重在得其神气。后魏的孙畅之在《述画记》中，曾说他画"《七佛图》，人物不敢点眼睛"。眼睛是人的神气所在，所以他特别小心，不敢轻易下笔。谢赫说他的人物画"虽不备该形似，而妙有气韵，凌跨群雄，旷代绝笔"（《古画品录》），这都指出了卫协重在人物之神的绘画追求。

人物画应当说到东晋才臻于成熟。代表性画家是**顾恺之**（002）。顾氏是当时的名士者流，言谈举止，"痴黠各半"，"好矜夸"，"好谐谑"，"率直通脱"，被时人称作"三绝"（画绝、才绝、痴绝）。他喜好清谈，深受玄言诗人如许询、孙绰、桓温、庾高等人的影响。这一切都表明他精神上所依归的是魏晋之际"自我超越"的审美文化题旨。这一点对理解他的绘画的审美个性特征非常重要。他在绘画上成名很早，二十岁左右就在瓦棺寺绘制维摩诘居士像，广受赞扬。他所画人物、佛像、美女、龙虎、山水、鸟兽等，无不

002　顾恺之（清代
《古圣贤像传略》插图）

精妙，其中尤以人物为最胜。

　　顾恺之的人物画在继承卫协的基础上，也有
两大审美特点：一是在坚持形似原则的前提下，
重点放在人物神明的传达上。作为卫协的学生，
顾氏并不简单追随老师"不备该形似"的趣味，
而是很重人物形态的写实。对此他在美学上有很
明确的意识和理念，提出了"悟对""实对"之
说。顾恺之的作品真迹没有保存下来，但从相
传为其摹本的《**列女仁智图**》（彩图 4）、《**女史**

箴图》《洛神赋图》等作品中也能看到这一"悟
对""实对"的美学理念。**《女史箴图》**（彩图5）
我们关注的是其形象解说原赋题旨的再现性手
法。有学者指出，画家在此所采取的"手法是
单纯、简练、高度有力之写实的"[2]，这一评判
甚是有理。《列女仁智图》的布陈方式和形象特
征与《女史箴图》极为相近，亦以写实为原则。
《洛神赋图》（彩图1）作为取材于曹植《洛神
赋》的长幅画卷，则更加典型地体现了"实对"
原则。

　　正是在形似写实的基础上，顾恺之表现了他
对"传神"之趣的非常自觉的追求，并使这一
新的审美趣尚臻于完善。唐代张怀瓘对此有最
恰当的评价，他说："象人之美，张（僧繇）得
其肉，陆（探微）得其骨，顾（恺之）得其神。"
（《画断》）顾氏对"传神"之趣的自觉追求实际
上从很年轻时就已开始。有一个脍炙人口的故事
说，哀帝兴宁二年，京师修建瓦棺寺，寺僧请当
时的名流"鸣刹注疏"（即撞钟并写上所施舍的
钱数），当时士大夫中施钱者每人不过十万，而
顾恺之却踊跃地写了百万。他那时虽已是桓温的

司马参军，但其实并不富有，寺僧们满以为这二十岁左右的年轻人不过是说说大话而已，就请他勾疏。顾氏便请寺内准备一堵白墙，然后"闭户往来一月余日，所画维摩诘一躯"，在最后将要给维摩诘像点眼睛时，他告诉寺僧把门打开任人参观，要求参观者第一天施十万钱，第二天施五万，第三天不计。当寺门打开，只见"光照一寺"，前来布施参观的人们无不目瞪口呆，惊讶得说不出话来，结果寺内顷刻间得了百万钱财。这个故事的意义不仅说明了顾氏画艺的高超，还意味着他很早就继承了其师卫协的衣钵，将眼睛视为人物美的关键所在。他所画的这位维摩诘居士，据说有着"清羸示病"的容貌和"隐几忘言"的神态，完全一副"得意而忽忘形骸"的魏晋名士风度。连四百年以后的杜甫看了这幅画，依然感叹道："虎头金粟影，神妙独难忘。"（《送许八归江宁》。"虎头"是顾氏小字。"金粟"是金粟如来的简称，指维摩诘居士）这也向我们喻示了他的人物画与魏晋玄学语境的内在联系。据说他在画嵇康、阮籍等人的肖像时，也是很长一段时间不点眼睛。而且不光眼睛，凡是最能显示人的典型特征的细节，他都给以格外关注和表现。他画裴楷的肖像，就突出了典型细节，在其额上加三毛，顿使观者觉得裴楷的形象"神明殊胜"。正因为他对人物的形神表现有着独到的理解和高度的自觉，所以他的画在当时即独冠朝野，为世人所看重。他的长辈谢安就夸奖他说："卿画，自生人以来未有也。"至于后世对他的褒奖就更是连篇累牍，毋庸细述了。

这里需要注意的是顾氏画维摩诘居士时，突出的是其"清羸示病"之容，这实际上就在美术领域开了晋宋之际人物之美偏重"秀骨清相"的先风。"秀骨清相"的审美内涵一是重神略形，突出人物的神情超然之状和放逸脱俗之态；二是融人物的阳刚之美于阴柔之韵之中。不是纯粹的阴柔，而是涵蕴着内在骨力，但这骨力又潜含在一定的清秀形相里。这两点其实是一回事，都突出的是魏晋玄风所影响、所塑造的一种人物内在之美，一种"得意而忽忘形骸"的美。这种"秀骨清相"的人物美范式，一直到南朝齐梁的宫廷画依然不改，同时在北朝的造像文化中也有所反映。这说明玄学精神对中古审美文化的影响何其深远！

顾氏人物画的另一审美特点，就是将人物置于山水之间。《世说新语·言语》有记载说，他对山水自然有着非常敏锐的感受。有一次，他从会稽回到他所任殷仲堪参军时的驻地荆州，别人问他对会稽山水的印象，他回答说："千岩竞秀，万壑争流，草木蒙笼其上，若云兴霞蔚。"这一回答，言简意赅，说明他对山川之美的观察体会是深刻的。反映在创作上，据说他曾画有《云台山图》《雪霁望五老峰图》等，为晋室东迁后山水题材之名作。他还另撰《画云台山记》一文，具体记述了他画云台山的构思和意图，可为参照。不过由此记述，可知《云台山图》中画有树木、崖石、禽兽、天师及其弟子，显然这是一幅具有道教内容的山水画，并非纯以山水景物为对象的山水画。认识到这一点非常重要，这有助于我们准确阐释顾氏山水题材画的意义。实际上，以顾恺之为代表的东晋时期的山水描画，总体上没有取代人物画的主流地位，大都是以人物为主题、为中心，围绕着人物来做的，未脱离人物之背景、衬托、环境的地位。如《画云台山记》中所说，在绝崖、崇山、险渊、耸石、清天、水色、伏流、林荫、白虎、游风等等之间，有一位"瘦形而神气远"的"天师坐其上"，他正"回面谓弟子"，而那两位弟子，则"神爽精诣"，"穆然坐答"。显然，这正是一种以人物为中心，以山川为背景和烘托的构图模式。潘天寿对此指出，顾氏于晋室东迁后所作的山水题材名画，"尚多以人物为主题，未完全脱离人物之背景而独立"[3]。顾氏的这一构图模式实际上表现在他的所有类似绘画中。有一次他为谢鲲画像，把谢鲲画在了岩石中间。人问其故，顾氏回答说："谢云，'一丘一壑自谓过之。'此子宜置丘壑中。"（《世说新语·巧艺》）这也是对这一构图模式的一种具体贯彻。相传为其摹本的《洛神赋图》也是这样一种构图，一切景物，包括山石、树木、水浪、禽兽等，都是围绕着人物来设置的。这种设置，"更能显出画面上的宾主之分，有益于内容和主体人物之突出。因为在这里，山水树石所起的作用，只不过是一种陪衬和烘托而已"[4]。这一切都在告诉我们，顾恺之的所谓山水题材画，正如宗白华先生所说，也是"拿自然界的美来形容人物品格的美"。

总之，顾恺之的绘画所反映的是魏晋之际那种以人物美为核心，以"自我超越"为主旨的审美文化精神，也可以说他的人物画即标志着这一审美文化精神在绘画领域所达到的完满境界。

其后人物画，特别是肖像画依然流行，到南朝时期，反映宫廷生活，描画佳人容色，成为画官们的主要工作。谢赫就是这样一位以"善画妇女"著称的宫廷画家，姚最说他"写貌人物，不俟对看，所需一览，便工操笔"，可见其画人物的技巧是非同凡响的。那么他画人物有什么特点呢？可参见姚最的这段评述：

> 点刷精研，意存形似。……目想毫发，皆无遗失。丽服靓妆，随时变改，直眉曲鬓，与时竞新。别体细微，多从赫始。遂使委巷逐末，皆类效颦。至于气韵精灵，未尽生动之致；笔路纤弱，不副壮雅之怀。然中兴已来，象人为最。（张彦远《历代名画记》卷七）

从这段评述中可看出，谢赫的人物画在"别体细微"的技巧层面确已进了一步。但同时，他画人最重的还是"形似"原则，为此，他讲究

"新变"，即要追随生活中人物服饰打扮的不断变化。这使他在"象人"方面，为当时人所不及。然而正因他的"象人"仅限于"形似"，所以他的画就自然少了些精灵和气韵，在"生动"方面也就稍逊一筹。同时，由于他更多注重的是女性的服饰妆扮，而且画法上过于"细微"，因而不免多了些脂粉气、阴柔气，当然就显得"笔路纤弱"，不太"壮雅"。从这里我们不难作出判断，到谢赫，人物画虽在发展，但多流于形色技术一途，同顾恺之"以形传神"的审美趣味相比，其差距是非常明显的，甚至可以说已现出某种倒退的征象。这一情势直到盛唐吴道子的出现才得以改变，人物画才又重现活力，再创辉煌。

山水画　　晋宋以降最具代表性的绘画是山水画。因为在东晋以后的现实美领域，山水自然之美已从单纯作为人物之背景、人格之衬托的附属地位中解脱出来，走向了审美文化的"前台"，走向了自身的独立。这一变化反映在绘画领域，便是山水画的历史性崛起。

山水画基本于南朝方始兴起，一般归因于南方地理多山水花色和文人名士多遁迹山林等，这都不无道理。但山水美、自然美的凸现和独立，离不开的是与之相应的人的超功利、超现实的自由心灵。而这自由心灵的形成，固然在根本上是社会历史的物质实践的结果，但从晋宋之际直接的原因看，无疑与以精神（心灵）为本体的般若佛学这一社会主流意识和思想文化语境有着更为密切的关系。所以，当我们谈到这时期的山水画，就不能不谈到当时首屈一指的山水画家宗炳，而要谈宗炳，就不能忽略他作为佛学家这一事实。

宗炳是名僧慧远大师的弟子，世号"宗居士"，其所著《明佛论》，又名《神不灭论》，为其佛学思想的代表作。我们之所以重视这一著作，是因为在其佛学表述中，蕴含着很新很重要的美学信息，了解这些信息不仅有助于对宗炳本人的审美理念的深入解读，而且也有助于对整个审美文化发展趋向的准确阐释。

他的佛学观念中最让我们感兴趣的主要有这么几个方面：一是他指出了"礼义"与"人心"的内在矛盾。他慨叹到："悲夫！中国君子，明于礼义，而暗于知人心，宁知佛心乎？今世业近事，谋之不臧，犹与丧及之，况精神我也？"在他看来，儒家只讲礼义，而对超乎感性生命之上的心灵、精神活动却知之甚少；而单纯地"明于礼义"，还是一种粗蛮的、原始的、外在的、人性极不发展的思想形态，并不符合文明人日益复杂的内心活动和需求，"乃知周、孔所述，盖于蛮触之域，应求治之粗感，且宁乏于一生之内耳，逸乎生表者，存而未论也。"所以他认为，从价值论的意义上说，那种不惜抑制甚至扼灭自己的内在心灵，一味信奉外在的礼义规范的人，不过是"中德以下者"。而"上德者，其德之畅于己也无穷"，亦即充分满足和发扬自己的内心，自觉追求自我精神之无限的人，才是一种最高最美的品德。由此他明确提出了"精神我"的概念，并在《又答何衡阳书》中还断然声称"人是精神物"，直接把人规定为一种精神的、心灵的存在。应当说，这一"精神我"概念的提出，是史无前例的。同儒家标榜的"礼义"人格和玄学追求的"自我"人格比起来，这一"精神"人格的出现，在古代士人人格理想由外而内、由形而神、由生命而精神、由存在而心灵的拓展深化过程中，无疑具有十分醒目的里程碑意义。它不仅是中世纪中国一束瑰丽的思想之光，而且在古代思想文化、审美文化的历史上也是极其重要的飞跃，应给予足够重视。

二是把"礼义"与"人心"的矛盾视为"形""神"分野的根源。这也是一种很值得注意的新观点。宗炳认为，重"礼义"者，必强调外在形象的整饬和行为规范的拘守，因而必以"形"为主；而重"人心"者，则必不拘礼法形骸，唯求内心自由，因而必以"神"为尚。由此他感叹道，周孔的礼义规范"何其笃于为始形而略于为神哉"！佛法却不同，它主张的是"心为法本"，故讲究"人形至粗，人神实妙"，以能"入精神""明精神"为至境。这样，他便由重"人心"轻"礼义"的价值取向，自然地导向了重"神"轻"形"的思维之途，从而为此后"畅神""写意"审美思潮的崛起做了充分的理论准备。

三是对"形""神"关系做出重新阐释。正如他认为"佛法"高于"周孔",但却并不决然排斥"周孔",而是主张"依周孔以养民,味佛法以养神",进而实现"孔氏之训,资释氏而通"的儒、佛调和一样,他在形、神关系上,也是一方面明确反对一般的"形神相资"之见,尤其反对"资形以造,随形以灭"的"以形为本"之说,认为"神非形之所作","精神极,则超形独存",从而将"神"视为绝对自由的本体,把"神"绝对地置于"形"之上;但另一方面,又认为"神"虽"超形独存",但与"形"并不截然两分,而是可以无限地化入为"形",做到"随情曲应,物无遁形"。因为宇宙万物,世间一切,都是由"神"所感应化生的,"法身无形,普入一切","众变盈世,群象满目,皆万世以来,精感之所集矣",而"精""神"也就是"佛","神道之感,即佛之感也"。所以宗炳宣称:"佛为万感之宗焉!"这样一来,大千世界,天地事象,其本源无不在"佛",无一不是"佛法""精神"所化入、所感生、所表形、所显现，"夫精神四达，并流无极，上际于天，下盘于地"。这跟前面所举僧肇"佛无定所，应物而现，在净为净，在秽为秽"一语基本同义。于是，在宗炳的佛学话语中，自然万物便不再是纯然外在、僵死冷漠的"物"了，而是成为"佛"所感生、所普入、所表形、所显现的存在了，"物"与"非物""真有"与"假有"之间的界限模糊了，消失了，正如宗炳所说，万事万物"皆如幻之所作，梦之所见，虽有非有，将来未至……凡此数义，皆玄圣致极之理"。然而也正是在这种如幻如梦的心理感觉中，自然万象写满了灵趣，充满了韵味，形成了人与自然心心相印息息相通的亲密关系，显现出了超以象外无以穷尽的诗情画意。这正是自然美之独立、山水画之崛升的思想背景与义理根源，当然也是宗炳得以集佛学家、美学家和第一位真正的山水画家于一身的思想背景与义理根源。

宗炳不是一位专门的山水画家，他也画人物，《历代名画记》对他的人物画有记载。但毫无疑问，他在画史上首次以能画山水为擅长和特

色，因而把他称作第一位真正的山水画家当不为
过。只可惜的是，他的这些山水画迹今天已难以
看到，无法直接进行评说，但我们注意到，他在
画完那些山水景致后，曾对别人说过这样一句
话："抚琴动操，欲令众山皆响。"这是一句富于
想象的、充满诗意的话，它表达的是一种特殊的
状态，一种独有的情境。它意味着，他画那些满
墙整壁的山水画，那些仿佛能与音乐产生共鸣汇
成交响的山水画，并不真的只是为了摹拟曾经游
历过的物象景致，而更是为了抒写一种心情，表
达一种内在无限不可言喻的精神和意趣，或用他
的话说，就是为了"畅神"。从审美文化发展的
角度看，它正标志着绘画艺术中一种真正的写意
理念的兴起。比他稍晚的谢赫在《古画品录》中
评论他说："炳于六法，无所遗善，然含毫命素，
必有损益，迹非准的，意可师效。"谢赫把他列
于六品，看来是不太喜欢宗炳的山水画。但他的
评述又是矛盾的，一方面说宗炳所画是"迹非准
的""必有损益"的，亦即过于主观随意，不太
合绘画规则、不太似所画对象，另一方面又说宗
炳对于绘画"六法"的运用是很完善的，而且其

所表现的"意"也是值得学习的等等。不过这倒是透露了这样一个信息，即宗炳的山水画既然"迹非准的""必有损益"，而且还是"意可师效"的，那么很明显，它并不是讲究形似写实，而是追求畅神写意的。这实际上就初步建立起了中国山水画偏于畅神写意的基本审美范式。宗炳晚年所作的《画山水序》一文，则是对他这一绘画美学理念的一个总结。

绘画美学

作为对绘画艺术的一种理性思考和表述，绘画美学在东晋南朝也有了划时代的发展。

同对绘画艺术的描述一样，我们在这里将魏晋之际文化语境中所形成的人物画美学，同这一阶段所兴起的山水画美学放在一起来进行解读，其目的也是为了使绘画美学自魏晋至南朝以来的演化脉络显得更清晰、更便于把握一些。

顾恺之的"以形写神"说 以形、神关系为核心来思考绘画艺术问题，应当说是这一时期绘画美学的突出特点，也是中国绘画美学开始趋于独立的一大标志。在这方面，第一个有代表性的美学思想家大概就数顾恺之了。他以"以形写神"的著名学说拉开了真正的古典绘画美学的序幕。

如前所述，顾恺之主要是一位人物画家，因此他的"以形写神"说涉及的自然是所画人物的形、神关系。那么这个"以形写神"说究竟是什么意思？有一种看法认为，顾恺之强调的是"传神"，而人的四体之"形"对于"传神"并不重要，所以他是"否定'以形写神'的"[5]。显然这是一个值得商榷的意见。要真正弄明白顾恺之绘画美学思想的实质，至少需要从两个基本角度入手，一是他所在的时代文化语境，一是他本人的整体美学理念，当然这两个基本角度也是内在相连不可分割的。

我们已经肯定地认为顾的人物画所对应的，主要是玄学人格本体论的话语系统。那么，我们对顾氏"以形写神"说的理解，自应首先放在这一文化语境中来进行，特别要同玄学有关形、神关系的理论阐释联系起来。我们知道，玄学讲究的是"以无为本""统无御有""崇本举末"。这一理论的总体构架内在地规定着玄学对形、神关系的阐释。玄学对形、神关系的阐释，主要体现在它的所谓"言意之辨"上，"形"所对应的是"言"，"神"所对应的是"意"。王弼对此所作的著名解说是：

> 夫象者，出意者也。言者，明象者也。尽意莫若象，尽象莫若言。言生于象，故可寻言以观象；象生于意，故可寻象以观意。意以象尽，象以言著。故言者所以明象，得象而忘言；象者，所以存意，得意而忘象。
>
> （《周易略例·明象》）

在这里，王弼将"意"放在第一位，强调的是"得意忘言"这一面是毫无疑义的。在他看来，"言"（感性、表象、形式）只是为了显示"意"（理性、本质、内容）而存在的，"言"只是达到、显示"意"的一种媒介和手段，它本身并不是最重要的，最重要的是它所显示的内容，是对象的内在深层本质，因此把握事物，应扬弃外在的感性表象形式，直达其内在深层本质。可以看出，王弼的这一"得意忘言"说，与他"以无为本"的哲学主旨是根本一致的。从思想文化史的角度看，"得意忘言"说是对《周易》的"立象尽意"说（《系辞上》），以及由此所反映的偏于感性、表象、重形、尚实的审美文化取向（这是先秦两汉时期比较鲜明的审美文化取向）的一种扬弃和超越，标志着审美文化向理性、本质、重神、尚意的历史性转型。这是玄学语境之于魏晋之际审美文化的主要意义之所在。但是，从另一方面说，这并不能说明玄学是完全忽略、否定"言""象"（即"形"）的，相反，它又是重视"言""象"的，是把"言""象"看做显示"意"、达到"意"的必要途径和中介的。因为"意"虽然是最本质、最重要的，但它毕竟要凭借"言""象"显现出来，所以王弼又讲"尽意莫若象，尽象莫若言"。他甚至还认为：最高的本体（"无"）是"大象""大音"，而"大象""大音"虽然"无形无名""超言绝象"，但它要充分实现自己，依然离不开有形有名的"四象""五音"，即所谓"四象不形，则大象无以畅；五音不声，则大音无以至"（《老子指略》）。这就非常明确地肯定了"言""象"（即"形"）的不可缺失性，肯定了它对于显示和达到"意"（即"神"）所无法忽略的"在场"性与必然性。这与玄学既讲"以无为本"又讲"统无御有""崇本举末"的思路正是相通的。对这一点，我们也应给以充分的注意。否则，就会带来玄学解读上的片面性。

　　将玄学的"言意之辩"用之于形、神关系，则显然对应的是这样一种道理：一方面，"神"是最主要、最根本的，而"形"则是次要的、非根本的；"形"的价值和意义就在于显现"神"，突出"神"，一旦达到了"神"的层面，"形"的媒介功能就完成了，"忘形"的飞跃也就发生了。而从另一方面说，这种"忘形"的飞跃也不是无条件、无前提的，它必须是在承认、肯定"形"的合理性和必要性的基础上产生的。在逻辑上，应首先有客观的"形"，然后才有主观的"忘形"，才会进入"神"的层面。"形"对于"神"来说是不可缺失的，是具有无法忽略的"在场"性、必然性的。这两方面结合起来，即构成顾恺之"以形写神"说所依托的玄学语境之核心。汤用彤先生说："顾氏之画理，盖亦得意忘形学说之表现也。"[6]汤先生在玄学研究上卓然大家，成就超著，但对顾氏画理所下的这个结论却并不是很全面的。

再看一看顾恺之本人的整体美学理念。顾氏首次提出绘画重在"传神""写神"的思想，这使他成为中国绘画美学史上"传神"观念的发轫者。顾氏以画人物为主，他首次指出："凡画，人最难，次山水，次狗马。"（《论画》）在他之前，有韩非子所谓"犬马最难"，"鬼魅最易"说（《韩非子·外储说左上》），有《淮南子》对"今夫画工好画鬼魅而憎狗马"的责难，又有张衡关于"画工恶图犬马而好作鬼魅，诚以实事难形而虚伪不穷也"（《后汉书·张衡传》）的评论等。这些论说，均依据同一个美学原则，即要求所画的对象（犬马之类）应该"像"这个对象，应该做到"形似"，即形体相貌的逼真。正因为画工们很难做到这一点，所以他们便避实就虚，去画那种没有实物作比照的鬼魅了。顾恺之却认为画人比画狗马要难得多，是绘事之中最难的一科，因为人与其他对象不同，人不仅有外在的相貌形体，更主要的是有内在的精神和灵魂。所以，仅仅做到像汉代毛延寿那样"人形丑好老少必得其真"的"形似"还是不够的，更重要，当然也更难的是通过人的外在形貌动作传达出人物的内在精神，表现出人物的心理性情，这才是人物画的最高审美境界。所以他画人物，往往数年不点目睛，人问其故，顾氏答道："四体妍媸，本无关于妙处，传神写照，正在阿堵中。"（《历代名画记》）"阿堵"是晋代的一个俚词，意思是"这个"。顾氏说的是，画人物要达到"传神"之趣，全在"这个"（眼睛）上面。顾氏画人物数年不点眼睛，正说明了他对"传神"的高度重视。他还极"重嵇康四言诗，画为图"，因而常用嵇康的一句诗"手挥五弦易，目送归鸿难"，来说明眼睛对于"传神"的重要性，以及"写形"易而"传神"难的道理。顾恺之首次视"传神"为人物画创作的审美至境，这就开辟了中国绘画美学一种崭新的理论视界，使之进入了一个更高的审美自觉阶段。当然，顾氏本人也因此奠定了自己在绘画美学史上的崇高地位。

但是，这并非顾恺之绘画美学思想的全部。如果说他的"传神"说反映的是玄学话语中"得意忘言"这层意思的话，那么，他所提出的另一个重要概念即"悟对"说，则反映了玄学话语中"意以言著"这一层意思。也就是说，顾氏在高倡"传神之趣"的同时，并没有否定"形似""写实"原则，而是强调"神似""传神"要以"形似""写实"为前提和途径。如果离开了客观的"形似""写实"原则，那么"传神之趣"也就无从谈起。最能体现这一点的即为他的"悟对"说：

> 凡生人无有手揖眼视而前无所对者。以形写神而空其实对，荃生之用乖，传神之趣失矣。空其实对则大失，对而不正则小失，不可不察也。一像之明昧，不若悟对之通神也。(《魏晋胜流画赞》)

这段话大意是说，人的动作、姿态、表情、眼神都是指向一定对象的，因为人和人、人和物、人和环境之间并不是彼此孤立的，而是具有一定的客观对应关系的，所以要达到"传神之趣"，就必须把握好这种客观对应关系，通过对它的真实反映和描绘，来传达出人物独特的内在神情。对于这种客观对应关系的把握就叫"悟对""实对"，而只有"悟对""实对"，才会达到"通神""传神"之目的。这样，"悟对""实对"作为对某种客观的现实对应关系的把握和再现，或者说，作为一种广义的"形似""写实"原则之贯彻，就成为"传神""通神"的一种途径和手段，一种顾氏所谓的"荃生之用"。如果这一"荃生之用"，这一"写实"手段出了错（"乖"），那么这个"传神之趣"也就没有了。顾氏对"实对""悟对"这个"荃生之用"的强调，还体现在此话之前的一段文字中，即："若长短、刚软、深浅、广狭与点睛之节，上下、大小、浓薄，有一毫之失，则神气与之俱变矣。"这里对"形似""写实"原则之于传达人物"神气"重要性的重视，是明明白白清清楚楚的。这怎么能说顾氏是"否定'以形写神'"的呢？

当然这里所谓"以形写神"的"形"，还主要是一种广义的"形"，是就人物与他（她）周围事物之间客观对应的"形势"而言的。那么顾恺之讲没讲过人物自身的"形""神"关系？没有专门记载，但也间接地有所论述。比如他在《论画》中就涉及了这个问题。他在谈《北风诗》时说：该图画"即形布施之象，转不可同年而语矣。美丽之形，尺寸之制，阴阳之数，纤妙之迹，世所并贵。神仪在心而手称其目者，玄赏则不待喻"。这段话中"神仪在心而手称其目"一句，可以看做"以形写神"说和"悟对"说的具体发挥；而"即形布施之象"和"美丽之形"等语，则明显是讲形似原则的，顾氏对此也并没流露出明显的"否定"之意，实际上他的态度更多的是欣赏。在谈《小列女》时，顾氏一方面从"传神"角度出发，批评该画"面如恨，刻削为容仪，不尽生气"，另一方面又从"形似"原则出发，肯定该画"服章与众物既甚奇，作女子尤丽，衣髻俯仰中，一点一画，皆相与成其艳姿，且尊卑贵贱之形，觉然易了，难可远过之也"。这里也无半点"否定'以形写神'"的意思。他评《周本记》时说："重叠弥纶有骨法，然人形不如《小列女》。"此语也明确表示了他对"人形"的重视；而他

说《伏羲》《神农》"有奇骨而兼美好"，则贯彻
的是"形神兼备"思想。再从后人对他的评论
看，谢赫说他"格体精微"，张怀瓘说他"运思
精微"，张彦远说他"紧劲连绵""笔迹周密"，
"传写形势，莫不绝妙"等等，都可以看出顾
氏是不排斥"形似"原则，不"否定'以形写
神'"的。

　　无论从所在的时代文化语境，还是从本人
的整体美学理念，都可以明白无误地看出，顾
恺之绘画美学思想的核心是"以形写神"说，
一方面，他把人物画艺术的最高境界放在"通
神""写神""传神"上，从而将中国绘画美学推
向了一个崭新的阶段；另一方面，他也并不否定
形似原则，认为写形是传神的必备前提和中介，
脱离了写形，传神就无从谈起，从而又意味着先
秦两汉偏于写实象形美学传统在他这儿的某种程
度的遗留。这表明顾恺之的绘画美学具有重要的
承前启后、继往开来的意义。

　　谢赫的"气韵生动"说　继顾恺之"传神"说
之后，南朝齐谢赫提出了著名的"气韵生动"
说，而这两种学说在义理上又是有内在联系的。

元代杨维桢在《图绘宝鉴序》中讲："传神者，气韵生动是也。"这也意味着，"气韵生动"说至少是对"传神"说的一种深化和发展。

我们前面谈人物画时，曾指出谢赫所画的人物更多地偏重于"形似"一面，而在"传神"上却远不及顾恺之。但谢赫在绘画美学上却以"气韵生动"之论大大发展了顾恺之的"传神"之说，从而奠定了他在画史上的重要地位，这不能不说是一种奇特的审美文化现象。为什么说谢赫大大发展了顾氏的"传神"说？这要从谢赫在其名作《古画品录》中提出的"图绘六法"谈起：

> 六法者何？一气韵生动是也；二骨法用笔是也；三应物象形是也；四随类赋彩是也；五经营位置是也；六传移模写是也。

谢赫在这里将"气韵生动"列为六法之首，视为最高境界，其他诸法则位居其次，而且在功能上它们也只是实现"气韵生动"这一最高境界的必要条件。这种对绘画审美要素明确区分等次品位的做法是前所未有的。那么，"气韵生动"该作何解？杨维桢说它就是"传神"之意，有一定道理。就"气韵"一词的本义看，它大约指的是一种既在形象又超形象的能够彰显事物本质的内在神气和韵味；"气韵生动"，则大体是指这种内在神气和韵味所达到的一种鲜活饱满生命洋溢之状态。如此说来，它与顾恺之"传神"说的意思应当是差不多的。谢赫在美学思想上，比他在绘画实践上确实更加有意识地强调"传神"，更加自觉地将具有"神气""韵味"的绘画视为至境，标为一品。如他认为陆探微的画"穷理尽性，事绝言象"，即超越了对象的外在形貌，准确地抓住了其内在的性格和神韵，所以列为一品。又说卫协的画"虽不备该形似，颇得壮气"，故亦列为一品。另外他还说晋明帝"虽略于形色，颇得神气"，说丁光"非不精谨，乏于生气"，说顾骏之"神韵气力，不逮前贤。精微谨细，有过往哲"等等，这一切，都体现了谢赫对人物画的"传神"之趣或"气韵生动"境界的高度重视（谢赫这些批评用语"神气""神韵""壮气""生气"等其实皆为大体相类的概念，而且与它们相对的则都是"形色""言象""形色"等近似术语，这也足可证明"传神"说与"气韵生动"说都是围绕形、神关系而发的，因而是相近相通的）。谢赫绘画美学中这一独标"气韵生动"的倾向，在对张墨、荀勖的一品画的评点中表现得尤为突出：

> 风范气候，极妙参神，但取精灵，遗其骨法。若拘以体物，则未见精粹；若取之象外，方厌膏腴。可谓微妙也。

这段带有某种佛学话语意味的评论，可以看做是谢赫对"气韵生动"的最好诠释。所谓"气候""参神""精灵"等语，即相当于"气韵"或"神韵"概念；而所谓"遗其骨法""取之象外""不拘体物""但取精灵"等意，亦即超越人物对象感性的骨相体貌，抓住其超骨相超形貌的内在性灵与精神，这样也就达到了一种精微神妙的艺术境界。值得注意的是谢赫在这里用了"参""取"等字，意味着他不仅强调要着力传达对象本身的气韵，而且还隐约要求画家以一种主体性精神去主动"参与"、自由"选取"，体现出画家主体自己的审美趣味。谢赫在

《古画品录》中反对"但守师法"（评袁蒨），认为这样"更无新意"，并肯定张则的"师心独见"等等，这都可视为他开始关注和强调画家的主体性表现了。这种对审美主体性的强调，虽不很明确和自觉，但比顾恺之只是围绕着对象而讲究"以形写神"说，已显示出某种新的、即将由宗炳等人所正式提出的偏于畅神写意的美学趋向。

但是，这并不意味着谢赫由此放弃了"形似"原则。他虽然在主张"传神"方面比顾恺之进了一步，但在强调"象形"方面又依然与顾恺之差不多，从其"图绘六法"的第二至第六法都涉及形似原则来看，他甚至比顾氏更讲究"象形"。第二法是"骨法用笔"，指的是如何描绘人的骨相形貌；第三法"应物象形"，更是指如何象形写实；第四法"随类赋彩"，讲如何用色才更合乎所画对象，也属象形写实之法；第五法"经营位置"，讲如何进行整体结构布局，使之主次得当，疏密有致，与写实法有关；第六法"传移模写"，则主要讲的是临摹古人学习成法，也跟象形意思相近。总之，谢赫在讲究"形似"方面，比顾恺之更自觉化、理性化、系统化了。应当指出的是，谢赫也反对刻意追求形似，认为"泥滞于体，颇有拙也"（评毛惠远），"纤细过度，翻更失真"（评刘顼），即单纯在形体外貌上下功夫，尽力精细地逼肖对象，反而会丧失对象的真实性。谢赫所要求的"形似""象形"，总体上是为"气韵生动"服务的，是围绕着"神似"的"形似"，突出着"传神"的"象形"。他所谓"图绘六法"中，后五法其实都是为实现第一法"气韵生动"这个最高境界服务的。谢赫的绘画理念应是顾恺之人物画美学思想的一种深化和完成，同时他对"参神""师心"等等的关切，也在某种程度上预示着绘画美学向畅神写意发展的新动向。在这个意义上，谢赫可视为从顾恺之发展向宗炳的一个中介环节。

宗炳的"畅神"说　如前所述，宗炳是以画山水为主的。既然是画，就依然离不开形、神问题。但山水画又不同于人物画，所画对象不一样，这就必然带来阐释上的变化。再加上宗炳是一位深谙佛理的山水画家，因而绘画美学到宗炳这儿，便有了一种新的趋向，新的发展（从历史的时间顺序说，宗炳比谢赫要早一些，似应放在谢赫前面谈，但根据绘画从人物向山水的发展轨迹和绘画美学思想的内在逻辑顺序，我们把宗炳放在谢赫之后来描述）。

宗炳绘画美学思想的核心是"畅神"说。这里的"神"与顾、谢所讲的"神"最大的不同，就是它不再是人物对象本身的个性神情，而主要发生了两大变化，一是佛学意义上的变化，"神"成为一种普遍的无限的精神本体，一种洋溢在山水自然万千气象中的、与人的心灵息息相通的无限神韵和意趣；二是由偏于对象向偏于主体的变化，"神"不再仅仅是对象所显现出来的神情气韵，而且更是画家自身所要表抒的某种心神、神意，一种主体的自由精神。且让我们解读一下宗炳的美学著作《画山水序》吧。

宗炳在著作中开宗明义地指出：

圣人含道映物，贤者澄怀味象。

这里所谓"含道""澄怀"，是就审美主体的特定状态而言的，它指审美主体是一种掌握了最

高精神本体的、摒弃了一切世俗认识和现实功
利的无限自由的心境；而所谓"映物""味象"，
则是就审美主体与对象的关系而言的，它指审
美主体以一种无限自由的心境，去观照外物，
品味对象，从而形成山水画创作中一种新的形、
神关系，或者叫心、物关系。在这种新的心、
物关系中，宗炳首先确认心灵、精神是自主和
自由的。"心"不再追随于物、受制于物，也不
再盲目地主宰"物"、占有"物"，而是用"含
道""澄怀"的绝对超越的姿态去映照"物"、
品味"物"，把握既在"物"之中又在"物"之
外的趋于无限的神味意趣，用他的话说，主体
是可以"旨微于言象之外""意求于千载之下"
的，心灵是畅游于天地万象之间的；另一方面，
"物"也不再是外在于心灵、精神的东西，而是
在主体心灵的自由感应中，在精神本体的照耀
和显现中，成为向心灵敞开的具有精神意味的
"人化自然"。这样自然万象不再是纯粹的"物"
了，而是成为精神本体栖息感应普遍显现的所
在了。所以宗炳认为，当"圣人以神法道"时，
与之相应的便是"山水以形媚道"，便是"山水

质有而趣灵"。"以形媚道"，就是指山水用一种充满魅力的姿态去亲附于"道"，取悦于"道"，使自己成为"道"的普遍显现形式。"质有而趣灵"是指山水作为有形有质的物态存在，它则因"道"的显现而具有了超形质、超物态的神灵意趣。这样一来，主体作为心灵，与山水作为趣灵，双方便没有了差异和区别，便形成了两忘俱一和谐自由的关系。宗炳把这种心物两忘主客俱一的和谐关系，表述为"目以同应，心亦俱会"的境界。这与前述宗炳所谓"夫精神四达，并流无极，上际于天，下盘于地"等精神与天地并流的佛学理念不正是相通相合的吗？

不过有一点是关键的，那就是宗炳并不认为心与物之间，或精神与天地之间的关系是平分对等的。他在佛学上所标榜的"精神我"的概念，所提出的"人是精神物"的思想，在他的山水画美学中依然得到了贯彻和体现。因此，他认为在心物两忘主客俱一的审美关系中，最高精神本体的绝对超越性依然得到了充分的显现，即所谓"应会感神，神超理得"。这表明心物关系的焦点、核心不是别的，而正是这个"精神我"，一切都统一到"精神我"这个本体上。正是在这个意义上，宗炳提出了"万趣融其神思"的思想，即对象方面的"山水质有而趣灵"，其根源就在这个"精神我"上，所以山水画最终会呈现为"万趣融其神思"的审美境界。

"万趣融其神思"的提出，标志着山水画美学中的形、神关系，已不同于人物画，它所关注的"神"，主要不再是对象本身的内在精神，而是一种主体化的"神思"，一种自由的"精神我"。因此，山水画的审美本质就主要不是单纯地摹拟客观自然，而是旨在表达主体的内在神意，是一种侧重写意偏于表现的艺术。所以宗炳说，山水是人们"身所盘桓，目所绸缪"的东西，其形貌景色是可以被写被画下来的。但山水画并非为了达到山水形色的逼肖，而是为了传其秀丽，得其趣灵。怎样传其秀丽，得其趣灵？他认为，昆仑山那么大，人的眼睛那么小，如果离山太近了，反而看不清山的形貌；而要是远在数里之外看，那么山就在眼皮底下了。其中的道理就是人离物越远，看到的物就越小，而山水画就是根据这个道理，来求山水之秀丽，得山水之趣灵的：

> 今张绡素以远映，则昆、阆之形，可围于方寸之内。竖划三寸，当千仞之高；横墨数尺，体百里之迥。……如是，则嵩、华之秀，玄牝之灵，皆可得之于一图矣。

这里意识到了某种定点透视的道理，但更多涉及的还是散点透视之法。散点透视是中国画的主要方法之一。因为宗炳以得山水之灵秀为主，以"诚能妙写"那个"栖形感类"的"神"为要，而不以山水形色之似为尚，所以他讲散点透视、游动透视，即"以应目会心为理"，以主观时空为法。"竖划三寸，当千仞之高；横墨数尺，体百里之迥"，突出的不是外在客观的逼真，而是自然灵趣与内在心趣的相契相合。显然，宗炳所讲的这种山水画法，体现的还是一种"精神我"原则，一种畅神写意的美学追求。宗炳在文章结尾处用一句话言简意赅地表达了这一点：

> 余复何为哉？畅神而已。神之所畅，孰有先焉！

在宗炳看来，山水画的创作目的除了"畅神"之外，别无其他。"畅神"是山水画的首要特征，是其根柢和命脉。毫无疑问，这一"畅神"说的明确提出，同顾恺之的"传神"说相比，已鲜明地突出了画家主体抒一己胸怀、写自我神意的自由特性，意味着偏于畅神写意的绘画趣尚已开始成为一种理论的自觉。应当指出，这在绘画美学史上是有划时代意义的。

与宗炳大体同时的王微，则提出了"神明降之"一说，和宗炳的"畅神"说形成彼此呼应之势，也颇值得注意。

王微在《叙画》（据明刊本《王氏画苑》）中首先对山水画独特的审美功能作了辩说，他指出：

> 夫言绘画者，竟求容势而已。且古人之作画也，非以案城域，辨方州，标镇阜，划浸流。本乎形者融灵，而动变者心也。

"夫言绘画者，竟求容势而已"，这是指一般人对绘画的看法。"竟求容势"，也就是惟事物外在的容貌形势是求，或者说绘画就是体貌写形的。然而王微认为山水画并不需要像地理图那样，从实用的角度出发，"案城域，辨方州，标镇阜，划浸流"，达到形貌的绝对客观和准确。为什么？因为山水画的特点是"本乎形者融灵，而动变者心也"。就是说，山水画所描摹的"形"，是融入了"灵"的"形"，是神灵本体普遍入驻之所在。正因如此，这种山水之形可以感动人心，使人的心灵发生通于神灵的变化。这是一种世俗心灵向审美心境的升华。

正因为"灵"是山水画不同于实用性地图的根柢所在，所以王微说：

> 灵亡所见，故所托不动；目有所极，故所见不周。于是乎以一管之笔，拟太虚之体；以判躯之状，画寸眸之明。曲以为嵩高，趣以为方丈。

就是说，如果没有"灵"，那山水就无法感动人心；而眼睛对"形"的感知是有极限的，所以它难以窥见"形"中之"灵"。这样一来，山水画的独特功能和意义就显现出来了。它可以用一支画笔，来描绘出那个眼睛无法窥见的山水之"灵"，如同通过描画人的半身形状，来显示人一寸长的眼睛中所放射出的万丈神明一样。山水画就是如此，它可以在曲折幽深、随意挥洒的笔法中表现一切。它可以让山水欢歌笑语，让万物灵趣生动。这是一种多么尽情畅神、自由写意的艺术啊！想到此，王微不禁有些兴奋地写道：

> 望秋云，神飞扬；临春风，思浩荡。虽有金石之乐，圭璋之琛，岂能仿佛之哉！披图按牒，效异《山海》。绿林扬风，白水激涧。呜呼！岂独运诸指掌，亦以神明降之。此画之情也。

这是一段充满激情的论述。它把山水画创作的高峰状态、最佳境界传达出来了。它尤其指出了面对所画山水景物，人的精神、情思、心理、意念所达到的那种飞扬激越、浩荡涌动的极致性体验，其语气、内涵很有点像刘勰在《文心雕龙·神思》中所说的"登山则情满于山，观海则意溢于海"的意思。与这种审美体验相对应的，则是山水景物所显现的类似《山海经》的那种奇异绝妙，"白水""绿林"，在这里已然是意趣灵动，生机勃然了。王微不由得感叹道，这哪里只是在用手作画呀，分明是有"神明"降临到了山水之间。

　　这里所说的"神明"，可以理解为佛学所讲的最高精神本体，也可以看做画家本人的内在神思心意，其实二者在佛学向美学的渗透转化中早已没有了根本区别。"神明降之"，即意味着"神明"不是山水本身固有的，而是被赋予的。是谁赋予的？既可以说是"佛"赋予的，更可以说是画家自己，而从本质上讲，其实就是画家自己内在心意的一种抒写。因为"佛"不过也是人的一种内在觉悟，一种特定心态，是不外乎人心的。当然，同宗炳相比，王微美学所表现出的佛学意味不那么突出，其思想中的空灵虚无、"神超理得"的色彩不那么浓厚，但佛学的精神本体论的影响依然是明显的和关键的。离开了佛学影响，他的"神明降之"一说就显得不可思议。所以，所谓"神明降之"与宗炳的"畅神"学说大致是同出一脉的，都是佛学精神（心灵）本体论语境中的美学产物，都强调和突出了山水画作为一门抒自我神思、写内在心意的艺术，其偏于主体侧重表现的审美特征。从这个角度说，在中国绘画畅神写意美学思潮的崛起中，宗炳和王微均立下了筚路蓝缕之功。

〔1〕　《中国绘画史》第 29 页，上海人民美术出版社，1983 年版。

〔2〕　李浴《中国美术史纲》第 446 页。

〔3〕　《中国绘画史》第 28 页。

〔4〕　李浴《中国美术史话》第 451 页。

〔5〕　叶朗《中国美学史大纲》第 201—202 页，上海人民出版社，1985 年版。

〔6〕　《魏晋玄学论稿·言意之辩》第 226 页。

4

『笔意之间』
书法艺术与书法美学

在中国书法艺术和书法美学的历史上，这是一个具有里程碑意义的辉煌阶段。

自汉隶代篆之后，中国文字已逐步打通了从记事走向任心，从象形走向表意，从书写走向书法，从实用走向审美的道路。汉隶的出现是中国文字的质的飞跃，但汉隶本身的实用性还仍然大于其审美性，还不能看做是成熟的书法艺术。当然汉代也出现了行、草、真等字体，而且这些字体在东汉末有了较大的发展，不过总的来看还处于初始阶段，不占主流。

然而历史进入魏晋之后，特别是自东晋王羲之始，中国书法及其美学发生了一种根本的变折，那就是它超越了政治伦理社会功用的"工具论"范畴，而真正成为中华民族所特有的一种旨在"任情恣性"的审美方式，一种以"流美""表意"为主的独立的艺术样态。这一点的重要性，对于书法这一中国独特的审美文化形式的演变过程讲，是无论怎样估价都不会过分的。

魏晋之际的书法

魏晋之际的书法总体上承汉末趋势而发展，是书法艺术从萌芽觉醒走向古典成熟境界的承前启后的过渡阶段。在这一阶段里，最关键的事情便是除篆、隶仍有盛行之外，中国书法真（楷）、行、草诸体的演变亦均趋向于成型和完善。这时期最具代表性的书法家主要是两位：一是曹魏时代的钟繇；一是西晋时期的陆机。

钟繇一生勤勉好学，酷嗜书道，精于隶、楷、行、草诸体，而他为后代赞赏最多的主要是楷书。张怀瓘《书断》称他："真书绝妙，刚柔备焉。点画之间，多有异趣，可谓幽深无际，古雅有余，秦汉以来，一人而已。"黄庭坚也说："钟小字笔法清劲，殆欲不可攀。"魏晋时期的楷书均为小字，钟繇当然也不例外。钟繇书法真迹未传下来，古临本有《荐季直表》，毁于民国，只有影印本传世。刻帖有《**贺捷表**》（003）、《宣示表》《力命表》《墓田丙舍帖》等。我们说钟繇对书法在魏晋的发展贡献最大，即指他在推动隶书向楷书的转变过程中发挥了关键作用，可以把他的作品《贺捷表》看做由隶书向楷书渐变过渡的典型。《宣和书谱》称该作品"备尽法度，为正书之祖"，是很恰当的。

西晋陆机，精通书法，但文学上的名气大大掩盖了他在书法上的成就。实际上，他在推动魏晋之际行、草书体的发展方面也是有很大功劳的。著名的《**平复帖**》（彩图6）便是他留给后世

《贺捷表》也称《戎路表》，共12行。此帖变隶书的方笔为圆笔，用真书的横、捺取代了藏锋、翻笔的隶书的蚕头燕尾，并吸收篆、草的圆转笔画，以一种方正平直、简易省写的结构，大致完成了楷体的定型。虽说有的捺画还顺势飘扬作波磔状，显示隶书的余意犹存，但总的特点是其用笔和结体已明显趋于楷书化。

003 钟繇《贺捷表》(唐摹本)

的草书名作，也是现存年代最早的一幅名家草书真迹，堪称稀世之宝。此帖的重要性就在于，它是反映隶草向今草渐变过渡的一件典型作品。陆机在该帖中写的是章草，却不带明显的汉隶遗意。堪为一帖难得的今草之祖。

东晋南朝的书法

东晋是中国书法艺术的成熟期。篆、隶、楷、行、草等今天仍在通行的诸种书体，皆于东晋完备定型。在创作上，这时期呈现出众多书家群星灿烂，并世称雄的极盛局面，其中尤以王羲之、王献之父子为代表。

王羲之，字逸少，琅邪临沂（今属山东）人，后徙居会稽山阴（今浙江绍兴）。官至右军将军，会稽内史，故世称"王右军"。他12岁即经父亲指点笔法，后从卫夫人（即卫铄）学书。"及渡江北游名山，见李斯、曹喜等书；又之许下，见钟繇、梁鹄书，又之洛下，见蔡邕《石经》三体书，又于从兄恰处，见张昶《华岳碑》，始知学卫夫人书，徒费年月耳。"（王羲之《题卫夫人〈笔阵图〉后》）由此可见，王羲之的书法之所以达到"贵越群品，古今莫二"（羊欣《笔阵图》）的境界，与他转益多师，广征博采，"兼撮众法，备成一家"是分不开的。

王羲之的意义就在于他并不止于博学多习，而更是通过对书法的改革与创新，使之在审美化、艺术化的道路上最终臻于中和完美的古典境界。比如对于楷书，他在学习钟繇的同时，改革了钟繇变隶为楷后仍"左右波挑"、留存隶意的笔法，凡钟书应波挑之处，他均敛锋不发，使楷书终至定型和成熟。这方面的传世之作有**《乐毅论》**（004）、《黄庭经》、《东方朔画赞》等。不过，他在书法上的革新更主要体现在草书和行书方面。

草书，顾名思义即草率的书写。所以，草书应当是古已有之的。但把草书从一种快捷实用的书写方式上升为一种具有"观美"价值的独立书体，大约是汉代以后的事。几乎与隶书发展的同时，即出现了带隶书波磔的草书，即所谓章草，

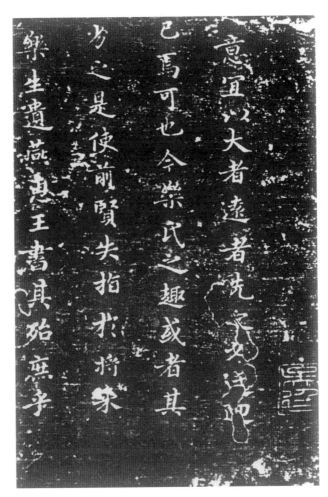

004　王羲之《乐毅论》(唐摹本)

也产生了不带隶书波磔的草书，即所谓今草。西晋陆机的《平复帖》在推动章草转向今草方面已有较大进展，而王羲之则以自己富于革新精神的书法创作完成了这一转变，奠定了今草"笔方势圆""遒媚相生"的古典审美范式和偏于尚韵表意的美学性格。他的著名的《十七帖》（彩图7）便是草书的典范之作。此帖虽为信札，似乎随意写来，但不经意之中却章法有致，其用笔方折劲峭，布局形密势巧，结字从容衍如，体态婉转健朗，分明表现出了一种遒媚相生、笔方势圆的古典中和之美。

王羲之的行书则更加集中地体现了他的书法革新精神和中和审美理想，因而也最为后世所称道。行书是介于楷书与草书之间的一种书体。正因它的这一审美中介性特征，使之在体现古典审美文化理想方面更具优势和张力，所以尤为王羲之所重视。被称为"天下第一行书"的著名的《兰亭序》（005）便是他的这样一个典型作品。晋穆帝永和九年三月初三，一个春光明媚的日子，他与谢安、孙绰等41位文人亲友聚会山阴兰亭，饮酒赋诗，修被禊（在水边被除不祥，

005 王羲之《兰亭序》(局部,神龙本)

　　这篇序文共 28 行,324 个字,洋洋洒洒,一气呵成,其章法布白,参差多变而又浑然一体,不见着意经营的痕迹。察其用笔,中、侧锋交替变换,中锋取道劲,侧锋取妍美。线形点画,恰如其分;筋、骨、血、肉,各得其所。结字极尽变化,无一雷同,又自然天成,完整统一,显得笔格骨道肉润,意态飘逸清雅,情致富厚深远,气韵灵秀飞动。

实为一种游戏）之礼，其间，众人推举他为诗集作序文。面对良辰、美景、赏心、乐事，他仰观宇宙，俯察万物，感慨世事，喟叹人生，不禁游目骋怀，浮想联翩，兴到极处，便用鼠须笔蚕茧纸一挥而就写成了《兰亭序》。这篇奇妙文字一出，不仅名动天下，而且他本人也极得意。后来他想重新复书此序，结果重写了数十百本，终不如初，便愈发珍视原作。据说《兰亭序》原作传至七代孙智永，遗付辨才和尚，后被唐太宗李世民从辨才处用计赚来，秘藏于宫廷，最后随李世民葬于昭陵。现在见到的《兰亭序》只是唐代书法家欧阳询、虞世南、褚遂良、冯承素、赵模等人的摹本，以白麻纸**"神龙本"**（005），即冯承素本，藏故宫博物院）最得原本精要。

　　从审美文化的角度看，《兰亭序》之所以重要，是因为它以"天下第一行书"的典范形式，集中体现了笔与意、骨与肉、形与神、刚与柔均衡中和的古典审美理想范式，用《法书要录》中的说法，即所谓"遒媚劲健，绝代所无"。真可谓笔随意转，意到笔至，把作者自身的潇洒风度和高逸情怀表现得含蓄而又淋漓。在这帖行书里，一切都显得那么和谐，那么圆满，那么美轮美奂，那么不可企及。对此，后代的一些鉴赏家、批评家也多有论及。唐太宗说："详察古今，研精篆素，尽善尽美，其惟王逸少乎！"（《王羲之传论》）"尽善尽美"，对于书法而言，也就是笔与意、遒与媚的中和不偏。唐张怀瓘说王羲之"增损古法，裁成今体。进退宪章，耀文含质。推方履度，动必中庸"（《书断》）。这个"中庸"，表现在书法上、艺术上就是中和美的理想。明代解缙说："右军之叙《兰亭》，字既尽美，尤善布置，所谓增一分太长，亏一分太短。"（《春雨杂述》）"所谓增一分太长，亏一分太短"，也是古典中和之美的最高境界。清代包世臣《艺舟双楫》称："右军作草如真，作真如草，为百世学书人立极。"行书即介于真书与草书之间，所以，"作草如真，作真如草"，亦即达到真、草的中和均衡，正是行书美的一种极致状态。

一般认为，王羲之的草、行之所以有自己的独到建树，就在于他一变汉魏以来的质朴书风，开创了一种妍美流便的新体。此说有一定道理，但也不可片面地理解这一说法，而是还要作一些界定和阐释。因为"妍美流便"是一种偏于阴柔优美的书风，而王羲之的行、草诚如我们所分析的，却是亦方亦圆、亦刚亦柔、有骨有肉、既媚且遒的，是妍美与健劲、壮美和优美的圆满中和。这一点是王羲之书法之所以成为古典美范本的根本标志。对王羲之行、草中的阳刚一面，不少鉴赏家、批评家也多有指出，如梁武帝萧衍称："羲之书字势雄逸，如龙跳天门，虎卧凤阙。"（《书法钩玄》卷四《梁武帝评书》）宋代周必大说："右军又晋人之龙虎也。观其锋藏势逸，如万兵衔枚，申令素定，摧坚陷阵。"刘熙载《艺概》更明确说："右军书以二语评之曰：力屈万夫，韵高千古。"这些评语尽管是譬喻性的，但也不难看出它们对王羲之书法之阳刚一面的认定。

不过同汉魏书法的质朴比起来，王羲之的书法，特别是其行、草，也确实变得妍美一些了，阴柔一些了。正如唐代李嗣真所说，王羲之的"草、行杂体，如清风出袖，明月如怀"（《书后品》），其所比喻的正是其偏于优美的特点。张怀瓘则直接用"圆丰妍美"（《书议》）和"韵媚婉转"（《书断上》）来概括王羲之的行、草书法。然而尽管如此，对王羲之的阴柔妍美也决不能孤立片面地看，而应充分注意到其"正奇混成""似奇反正"的一面，即既妍媚婉转又遒力劲健的一面，注意到其作为中和不偏的古典范本的基本特征。

王羲之有七子，其中六子善书，而六子中，据说只有王献之从其父那里学到了书法之"源"。献之七八岁时从父学书，羲之悄悄从身后掣其笔而未脱，乃叹曰："此儿当有大名。"献之书法诸体皆精，尤工行、草，先摹其父，后学张芝（东汉书法家，以草擅名，号为"草圣"），在此基础上，"改变制度，别创其法"，遂独树旗帜，自成一格。传为王献之行草墨迹的《中秋帖》（彩图8）便是一件体现了他独特审美品格的代表作。观其狂纵奔放、生气夺人之势，更是写意味道极浓，堪称推动书法写意的急先锋。

可见，王献之的行草确实自成一格。在笔法上，他一改羲之刚正森严的"内擫"法，而为舒散展扬的"外拓"法。明代丰坊说道："右军用笔内擫，正锋居多，故法度森严而入神；子敬用笔外拓，侧锋居半，故精神散朗而入妙。"（《书诀》）所以献之的行草如同张怀瓘所说，更显得"挺然秀出"，"情驰神纵"，"超逸优游"，"从意适便"，因而是"笔法体势之中，最为风流者也"[1]。王献之的这一笔法特点，反映在审美趣尚上，即表现为明显的自由写意色彩。书法在他这里，越来越不局限于一种结体用笔、记事摹形的书写技艺，而是变成一种任心表意的自由艺术。张怀瓘说他"率尔私心"，"意逸乎笔"，"皆发于衷，不从于外"，"唯行草之间，逸气过也"（《书断》上）；唐代窦臮则说羲之的"幼子子敬，创草破正"，"态遗妍而多状，势由己而靡馨"（《述书赋》上），等等，都明确指出他的行草已自觉偏于"驰情""从意""率心""由己"了。这是一种值得注意的变化。当然这一变化不自献之始，比如王羲之的书法就已有了写意意味，但这种写意尚牢笼在用笔的森严法度之中。献之却不泥成法，变正为奇，将表情写意化为一种自觉的审美趣尚和书法追求。明人项穆在《书法雅言》中认为"书至子敬，尚奇之门开矣"，即明确指出了这一点。正是同这一写意特色相适应，王献之的行草在结体上突破朴力古意，趋于秀逸圆美，如同窦臮所说，变得"态遗妍而多状"了。其线条圆活流畅，飘洒飞动，而其笔势则"灵姿秀出"，刚以柔显，在不失"大鹏搏风"之雄武气势的基础上更多了一些"风行雨散，润色开花"的柔媚味道。书法艺术的审美风貌由此变得愈加刚柔迭见、摇曳多姿了。

东晋王羲之父子的书法被后人评为"父之灵和，子之神骏，皆古今之独绝也"（《张怀瓘议书》）。他们既是旧书体的集大成者，又是新书体的开先风者。其所代表的"晋尚韵"（梁巘《评书帖》）之书风，依然显迹南朝，宋有羊欣，齐有王僧虔，梁有萧子云，陈有僧智永等，皆大致不出"二王"一路，从而铸成南朝书法"疏放妍妙"之优美品格。

总之，从魏晋到南朝，书法先由钟（繇）陆（机）变其迹，后由"二王"成其道，从而走上定型圆熟之途。自此，书法作为中国审美文化的重要成分和典范形态，体制虽纷纭繁复，风格虽活跃多变，但基本是沿着这一阶段所奠定的书法审美法则和韵趣发展的。所以说，这一阶段在中国书法的历史上具有划时代的意义。

书法美学的发展与成型　作为对书法艺术的一种理性反思和概括，书法美学在这一阶段也有了极为重要的发展。它通过对一系列书法内在矛盾关系的理性梳理，深入开掘了书法美学的独特视域和话题，促成了书法美学范畴体系的雏形。

在中国，书法与绘画常被表述为是同源的。这大约根植于两点：一是最初的中国文字是象形的，是"画成其物，随体诘诎"的；二是两者又都是以线形为媒介的，都属于"线的艺术"。但书法与绘画毕竟又是两种不同的艺术。特别是当书法从象形走向表意，进而变成真正的艺术后，便开始脱离绘画，建构着自己相对独立的意义世界。所以，同绘画美学主要关注形、神关系相比，书法美学则更加关注笔和意的关系。其他问题，如美与用（善）、象与趣、骨与肉、遒与媚、正与奇、刚与柔等等书法的矛盾关系，也都以笔、意之间的矛盾关系为核心、为根本，都是这一矛盾的生发和展开。

魏晋之际的书法美学　同书法艺术一样，魏晋之际的书法美学也是上承汉末，下启南朝。

这阶段书法美学的基本特点是，虽仍有汉代美学之政治伦理功用论的某种遗响，但已开始意识到书法作为一门艺术，其超越实用而偏于审美的性格，开始欣赏和注重书法自身那种特有的超现实超功利的中和之美、形式之美、表意之美。

据宋代陈思《书苑菁华》的记述，钟繇曾说过"用笔者天也，流美者地也"的话。应当说，这是中国书法史上首次提倡书法之美的言论。西晋时期，有成公绥、卫恒、索靖等人书论传世。他们对篆、隶、草等书体的美，也几乎是首次表现出了一种异乎寻常的敏感、推崇和喜爱。

成公绥赞美隶书说："灿若天文之步曜，蔚若锦绣之有章。""缤纷络绎，纷华灿烂，氤缊卓荦，一何壮观！繁缛成文，又何可玩！"这里不仅有对隶书之美的敏锐感受和热情赞叹，而且还指出了书法之美超功利超实用的"可玩"（纯审美的）性质。这是很值得注意的新趋向。成公绥同时还说，隶书"工巧难传，善之者少，应心隐手，必由意晓"（《隶书势》）。这个"必由意晓"说就涉及了书法艺术的写意特征，虽然说得还不是很明确，但也已经是一个重要进展了。

索靖的《草书势》则深情地描绘和论述了草书之美：

> 盖草书之为状也，婉若银钩，漂若惊鸾，舒翼未发，若举复安。……忽班班而成章，信奇妙之焕烂，体磊落而壮丽，姿光润以璀璨。

这里用"壮丽"一词描述草书的美，是比较符合章草的审美风貌的。值得注意的是，索靖在这里谈到，草书的出现，是与"意"和"巧"的发展直接相关的，他说："科斗鸟篆，类物象形；睿哲变通，意巧滋生。"最初的文字是由"类物象形"而生的，是对客观外物的一种摹仿，后来聪明智慧之人善于变通，转向心意和技巧，不再局限于"类物象形"的外在摹仿，于是便产生了草书。这一认识，实际比成公绥更进一步触及了书法艺术的审美本性和写意特征。

东晋南朝的书法美学　如果说魏晋之际的书法美学还带有某种过渡性、感悟性、不明确性的话，那么，东晋南朝的人们则以相对自觉的理论意识和明确表述，将书法美学推向了基本成型的阶段。

这里首先要提到的书论著作是《笔阵图》。此文旧题卫夫人撰，后众说纷纭，或疑为王羲之作，或疑为六朝人伪托。我们认为从书法美学之内在学理的演变讲，《笔阵图》的主要观点带有明显的早期书论痕迹，所以把它作为这一阶段中较早的卫夫人的著作来看待，似较为可信。

卫夫人在《笔阵图》中首次涉及了笔、意关系。文中说：

> 有心急而执笔缓者，有心缓而执笔急者。若执笔近而不能紧者，心手不齐，意后笔前者败；若执笔远而急，意前笔后者胜。

这里推重的明显是"意前笔后"（或曰"意在笔先"）说。笔者，笔法也；意者，心意也。抽象地看，这里讲究"意前笔后"，即强调主体心意对于用笔法度的"先在"性和超越性，强调书法艺术的写意本质。但具体分析《笔阵图》，它这里所谓"意"，还主要不是指主体的内在心意，而是侧重于外向的"通灵感物"之意。卫夫人说："自非通灵感物，不可与谈斯道也。""感物"的意思很明白，就是讲对外物的感知，而"通灵"则需要解析。这里的"通灵"既然与"感物"放在一起说，那么这个"灵"也就自然是"物"之"灵"，或者说是"物"的某种本质、神韵、气象、势态等，因而"通灵"与"感物"一样，都偏于强调一种向外的感知和体悟。卫夫人提出的所谓"七条笔阵出入斩斫图"，就体现了这样一种外向的"通灵感物"之意：

一	如千里阵云，隐隐然其实有形。
、	如高峰坠石，磕磕然实如崩也。
ノ	陆断犀象。
乁	百钧弩发。
丨	万岁枯藤。
乁	崩浪雷奔。
刁	劲弩筋节。

可以看出，这是对书法点画笔法与某种客观物态、形象、状貌、气势等等之间对应关

系的把握和描述，它所体现的就是一种外向的"通灵感物"精神。所以，卫夫人的"意前笔后"说，实际就是要求在动笔之前，先在心里默想出点线笔画与某种客观的物态气象的互应相通关系，然后在用笔运毫中表现出这种客观关系。从这个角度说，她的"意前笔后"或"意在笔先"说仍然是反映论意义上的，仍带有早期书法"类物象形"观念的浓重遗迹。明白了这一点，也就不难理解她为什么会对"近代以来，殊不师古，而缘情弃道"的书法倾向表示不满了；同时也就不难理解她在文章最后会对书法美做这样的结论，即"心存委曲，每为一字，各象其形，斯造妙矣，书道毕矣"。由此可见，卫夫人《笔阵图》中所表述的带有"象形"意味的书法美学观，与汉魏之际的趣尚有着更多、更密切的联系。

但是，卫夫人又毕竟是晋人。所以她提出了书的"骨力"说，指出：

> 善笔力者多骨，不善笔力者多肉；多骨微肉者谓之筋书，多肉微骨者谓之墨猪；多力丰筋者圣，无力无筋者病。

　　这个"骨力"说也与魏晋玄学背景下的人物品藻时尚有关。在魏晋，"骨"同"自我超越"型人格的内在个性、神情、智慧、风度等相联系，是人的个性风度之美的一种标志。如说："王右军目陈玄伯，垒块有正骨。""时人道阮思旷，骨气不及右军。""韩康伯虽无骨干，然亦肤立。""旧目韩康伯，将肘无风骨"（《世说新语》）等等，都把"骨"（或"骨气""骨干""风骨""正骨"）视为一种指称人的内在个性人格风度的审美化概念。那么，卫夫人在这里就把"骨"的概念运用于书法美学思考，以"骨力"一词来表示书法用笔的内在力度，也可以说表示主体通过运笔所表现出的一种内在（人格）力量。卫夫人说："下笔点画波撇屈曲，皆须尽一身之力而送之。"就是要求这样一种主体的内在（人格）力量。由此可以看出，"骨力"是与用笔有关的，是一种"笔力"。卫夫人在文章一开头就讲："夫三端之妙，莫先乎用笔。"其原因即在对"骨力"的追求上。这说明，卫夫人的书法理想是推重刚力崇尚壮美的，但同时她崇尚的又不是秦汉时代那种外在感性的"大美",而是内在理性的刚力与壮美，显然，这与魏晋玄学所标榜的内在理性的人格美范式是息息相通的，是后者在书法美学中的一种折射和体现。

然而到卫夫人的弟子王羲之那里，书法美学便发生了较大的变化。传为王羲之所作书论著作，今存有《题卫夫人〈笔阵图〉后》《书论》《笔势论十二章并序》《用笔赋》《记白云先生书诀》《晋王右军自论书》等数篇，但多疑为别人伪托，或后人袭取拼凑而成，但其中有些思想是很精彩的，不完全属于伪托者的粗鄙文字，也许确实不无所本，有的则可肯定是羲之的言论。我们不妨将其中比较精彩的思想，以及可以确定为羲之的言论，放在一起进行综合考察和论述。

可以确定是王羲之书法思想的，是他对"意"的特别关注，对书法写意特征的自觉认识和强调。对此他说了这样一些话：

> 顷得书，意转深，点画之间皆有意，自有言所不尽。(《晋王右军自论书》)
>
> 子敬飞白大有意。(虞和《论书表》)
>
> 飞白不能乃佳，意乃笃好。(《全晋文》卷二十六)

羲之这里所讲的"意"，其重要性就在于，它已经不单纯是那种尽力掌握客观物象、本质、形态、气势的外向之"意"，而是偏于一种在书法的点画之间显现出来的主体之"意"、内向之"意"、神情之"意"了。他说子敬飞白"大有意"，"意乃好"等，无疑就是从这个意义上讲的。他说"点画之间皆有意，自有言所不尽"一语，这个"点画之间"的、"言说不尽"的深意是什么？当然是主体所抒发的蕴于点画之中又超乎点画之外的某种微妙难言的心绪、情致、胸怀、神意了。我们知道，王羲之的书法以行草为主，而刘熙载在《艺概·书概》中说：行、草这种书，同篆、隶、正体比起来，"他书法多于意，草书意多于法。"既然草、行是同属一类的，那么行书也应是"意多于法"的。所以刘熙载谈到王羲之的《兰亭序》等作品时，很赞成孙过庭《书谱》中的这句评价，即"推极情意神思之微"，即《兰亭序》所表达出的"情意神思"是臻于极致的，这说明王羲之的书法审美趣尚是偏于表情写意的。那么，传为王羲之写的书论文章中所夹杂的一些颇精彩的话，也就很值得重视了。如《题卫夫人〈笔阵图〉后》中所说"心意者将军也","夫欲书者，先乾研墨，凝神静思","意在笔前，然后作字"等；《用笔赋》中所说"至于用笔神妙，不可得而详悉也。夫赋以布诸怀抱，拟形于翰墨也"等；《记白云先生书诀》中所说"把笔抵锋，肇乎本性"，"望之惟逸，发之惟静"等，皆是这样的精彩文字。可以肯定，如此强调"情意神思"，强调肇性写意的话语，即使不是出自王羲之之口，也是合乎他的基本意思的。显然，这和卫夫人"每为一字，各象其形"的说法是大异其趣的。这意味着，书法美学自王羲之始，已开始真正转到表情写意的趣尚上来。

不过，王羲之虽开始注重书法的表情写意，但也仍在一定程度上保留了卫夫人那种对客观"道""理"的信仰。所以他又要求书法"必达乎道，同混元之理"，即主观的表情写意要暗合着客观的必然规律，同客观的道理法则相一致；同时还认为"阳气明则华壁立，阴气太则风神生"（《记白云先生书诀》)，要求书法应"含文抱质"（《用笔赋》)，主张内与外、意与象、阴与阳、刚与柔等等的不偏不倚，和谐统一。这一点体现在具体的书法美理想上，就是既讲究"藏骨抱筋"（作为对卫夫人"骨力"说的继承，见《用笔赋》），又讲究"力圆则润"（作为对单纯"骨力"说的扬弃，见《记白云先生书诀》），追求的是一种既有"筋骨"，又显"圆润"的书法之美。无疑，这是一种阳刚与阴柔均衡不偏的中和论美学观，与前述他在书法创作上的特点及后人对他书风的评价正是一致的。所以，正如他的书法是古典书法美的范本一样，他的书法美学也是古典和谐美理念的典型代表。

之后，王羲之所倡导的写意论书法美学得到了突出的发展，其中，羊欣、虞和、王僧虔等人的书法观点尤可重视。

羊欣是南朝宋书法家，其《采古来能书人名》一文，举列自秦至晋能书者凡69人，附以短评。他曾亲受王羲之传授书法，故时谚有"买王得羊，不失所望"之说。所以他在书法美学上也基本以羲之为准的。比如他断言王羲之是"古今莫二"，而对王献之的评价是"骨势不及父，而媚趣过之"。言语之间，流露出了扬父抑子，即循守中和而贬抑过媚的意思。而同时代的虞和则与羊欣不同，他开始表现出了崇尚献之书法趣味的倾向。

虞和著有《论书表》一卷，多述二王书事，兼及搜访名迹情形。其中记有一事说，有一老妪拿着十几把扇子在集市上卖，王羲之便问她一把扇子值多少钱，老妪说值二十文钱。王羲之就拿过笔来，在每把扇子上写了五个字。老妪非常惋惜地说："我们全家的早饭就仰仗着这些扇子了，你怎么能在上面乱写字，把它弄坏？"王羲之便对老妪说："你只说是王右军写的字，每把扇子要一百文钱。"老妪将这些扇子拿到集市上卖，一下子就被人抢购一空。老妪便又拿了一些扇子来找王羲之写字，羲之只是笑了笑，没再给她写。类似的事迹还记了一些。这些故事至少说明，王羲之的书法在当时已经是宝贝了，而之所以会如此，不仅因为王羲之的字写得好，而且也因为书法之美已成为时人的普遍好尚和追求。这确实是一个空前懂美、赏美、爱美、求美的时代。不过说到虞和本人的书法趣好，他虽然讲过二王父子"同为终古之独绝，百代之楷式"这

样的话，但实际上他更倾向于王献之。他认为，
钟繇、张芝与"二王"，甚至王羲之与王献之这
"二王"之间的区别，都可以比作古与今的区别；
而古与今的区别，即表现为"质"与"妍"的差
异。他说：

> 古质而今妍，数之常也；爱妍而薄质，人之情也。
> 钟、张方之二王，可谓古矣，岂得无妍质之殊？且二王
> 暮年皆胜于少，父子之间又为今古，子敬穷其妍妙，固
> 其宜也。

> 献之始学父书，正体乃不相似。至于绝笔章草，殊
> 相拟类，笔迹流怿，宛转妍媚，乃欲过之。

所谓"质"与"妍"的区别，实际上就是形质
与神采、象形与写意、功用与审美、遒力与柔
媚等等区别。虞和此处观点，明显是肯定今古
之变，更重写意审美的；而且他所重的书法之
美，主要是一种宛转妍媚之美，一种优美。这
就从理论上为王献之开辟的"妍美"书风起了
推波助澜作用。其实这正反映了南朝书法审美
趣尚的主流。

南齐王僧虔就是在这一书法美学的历史背景

中出现的书法家和书论家。他有《论书》《笔意
赞》等书论文章留世。他在《笔意赞》中提出了
他基本的书法美学观点，那就是：

> 书之妙道，神彩为上，形质次之，兼之者方可绍于
> 古人。

他所谓"神彩"，其意相当于虞和所讲的"妍
妙"，即指书法在点画线形的自由流动中，通过
超越点画线形的有限性而达到的一种神韵无限
的审美境界。它近似于一种诗学上所讲的"象
外之致""韵外之旨"，是主体所表现出的一种
微妙难言耐人品味的情怀意趣。而"形质"的
意思，则大致相当于"类物象形"、用笔法度
等，是一种感性有限的书法实体形式。王僧虔
将"神彩"视为书法的审美至境，而把"形质"
放在次要地位，实际上也就是把写意论美学趣
尚置于象形论之上，把主体的内心表达看做书
法的审美本质之所在。他在《论书》中说"伯
英之笔，穷神静思，妙物远矣，邈不可追"，说
张澄书"亦呼有意"，在《笔意赞》中说"必使
心忘于笔，手忘于书，心手达情，书不忘想"

等等，其中心意思就是强调书法偏于表情写意的审美性质。所以可以说，王僧虔的主要意义就在于，他站在南朝宋齐之际书法实践的立场上，将王羲之所倡扬的写意论书法美学观推向了一个新阶段。

当然，王僧虔毕竟是一位古典的书法美学家。所以他在强调"神采为上"的同时，又认为"神采"与"形质""兼之者方可绍于古人"，要求书家在以心为本、以意为主的基础上，达到心手两忘、笔意相契的创造境界，实际上也就是讲究写意与象形、表情与用笔、必然与自由的中和兼备，均衡统一。这个"兼之"说，正体现了古典书法美学的最高审美法则。

所以，王僧虔明显跟虞和的偏爱"妍妙"有所区别，他是既崇尚妍媚之风，又讲究骨力之美。他一方面批评"谢综……书法有力，恨少媚好"，这是批评只重"力"，不重"柔"；一方面又说"郗超草书亚于二王，紧媚过其父，骨力不及也"；说"萧思……风流趣好，殆当不减，而笔力恨弱"（《论书》）等，这则是批评只重"媚"，不重"力"。他的理想就是追求一种既显"柔媚"又含"骨力"的书法之美。他强调书法应"骨丰肉润，入妙通灵"（《笔意赞》）。所谓"入妙通灵"，大抵指的就是心手两忘、笔意相契的书法境界，而这样的境界，其表现形态就是一种"骨丰肉润"的美。值得注意的是，这里将卫夫人的"骨力"说变为"骨丰"说，又将王羲之的"圆润"说变为"肉润"说，一字之别，意味深长。它表明，在王僧虔这里，写意的、优美的书法理想进一步凸现出来，但并不否弃象形的、壮美的书法形态，而是希望在主体内心自由的基础上使它们圆融和谐地统一起来。这标志着中国书法美学已相当自觉了，接近成熟了。

〔1〕　《张怀瓘议书》,《法书要录》卷四。

5

『物我之间』
诗文创作与诗文美学

文学，尤其是诗歌，比绘画、书法一类艺术要敏感得多，反映社会生活和士人意识要直接、迅捷得多。所以，文学创作及其美学的发展最突出最典型地体现着审美文化的变迁。魏晋之际，当其他艺术门类还几乎在沉默时，文学已对当时审美文化思潮的转变做出了强烈的反应。那么，在东晋南朝（宋、齐之际）的审美文化语境较之魏晋之际已有新的转换的情况下，文学活动及其美学思考又是怎样表现的呢？

从文学文本方面说，这一阶段诗歌、散文、小说等，无论在审美内涵还是在艺术形式上，都有了划时代的发展，如田园诗、山水诗、七言诗、格律诗、骈体文，还有传奇体的志怪小说、笔记体的轶事小说等，大凡后代文学所有的基本文体形态，这时期大致都已出现，并都臻于成熟。从文学美学方面说，其发展在这一阶段虽稍后于文学创作，但也有了较为深入的思考和建树，特别在对文学自身独特的审美属性、功能、价值、形式等等的注重与阐释上，更是达到了一个空前的深度。

田园诗

这一阶段文学发展的最重要的事情，大概莫过于田园诗和山水诗的相继出现了。在中国诗史上，田园诗、山水诗的出现，标志着偏于抒情的中国古典诗歌终于找到了最适合自己的审美范式。就凭这一点，这一阶段在中国审美文化发展中就写下了不可磨灭的光辉一章。

说到田园诗，自然要说田园诗人的代表陶渊明。他作为东晋初名将陶侃的曾孙，一生几次出仕，又几度**归隐**（006），在"名教"与"自然"之间，表现出了内在性格的矛盾与人生选择的彷徨。41 岁那年，他终于下决心离开了官场，回归了田园，也回归了自我。他最有成就的田园诗大多是自此开始写的，其意义并不仅仅是建立了一种新的诗体，而更是塑造了一种新的人格；不仅

006 《归去来辞图》(局部，明，马轼绘)

仅是田园生活之描写，更是他的人生哲学和审美理想之表达。

　　正如画家顾恺之是东晋人，其人物画的审美文化背景却仍在魏晋之际一样，陶渊明这位东晋人的田园诗，也主要以玄学思潮为其审美文化根源。当然陶渊明对佛教也是有所接触的。据说有一次名僧慧远请他加入"白莲社"，他先以许饮酒为条件，后来又"攒眉而去"。他曾与两个佛教徒周续之和刘遗民有过来往，但从其《酬刘柴桑》《示周续之、祖企、谢景夷三朗时三人共在城北讲礼校书诗》等诗作看，陶氏思想更近玄理，而与佛义反倒不合。由此可见他对佛教虽有接触，但所知甚少，而且也压根不感兴趣。然而他对道家之学却热衷得很。朱熹指出："渊明所说者《庄》《老》。"（《朱子语类》卷一百三十六）而《庄》《老》正是玄学的骨干。白居易《题浔阳楼》云："常爱陶彭泽，文思何高玄。"也说到了陶诗与玄风的关系。陶氏本人曾模仿《庄子》寓言作《五柳先生传》以自况，文中称自己"闲静少言""忘怀得失"等等，也都颇合玄趣。这都说明陶氏思想更近玄学语境。我们知道，玄学是一种以道为本，以儒为末，以"自然"为体，以"名教"为用的价值观念体系，甚至在以嵇康为代表的所谓"异端派"玄学那里，高举的理论旗帜干脆就是"越名教而任自然"。这种建立在"自然"与"名教"矛盾基础上的"自然"（主要是人的自然性情）本位论，实际上也正是陶渊明人生哲学的根本依托。与此相联系，魏晋玄学以"自我超越"为核心的人格本体意识，它在保留物、我差异的前提下所追求的"我"对"物"的绝对主体性和超越性，则构成陶渊明人格理想、审美理想的深层根基。这是我们解读和把握陶渊明田园诗的基本立足点。

正因为以玄学精神为特定文化语境，所以，在陶渊明的田园诗中，我们强烈感受到的主要不是田园之美，而是作者对于"自我"之独善、超越、和乐、自由人格的执着关注与铸造。在诗人的笔下，"我"虽失去了建功求名的希望，也郁积着某种苦闷和悲伤，但却没有走向沉沦和绝望，而是坚守着以"自我"为本位的人生哲学，以一种清醒而自觉地意识超解着自己，在"物"与"我"的关系上建立了一种贵"我"轻"物"

的理想范式：

> 不觉知有我，安知物为贵。(《饮酒诗》之十四)
>
> 人为三才中，岂不以我故。(《神释》)
>
> 吁嗟身后名，于我若浮烟。(《怨诗楚调示庞主簿邓治中》)
>
> 所以贵我身，岂不在一生。(《饮酒诗》之三)

世俗的功名利禄、富贵荣华，都不过是身外之"物"，都是一种个体生命的"樊笼"和"尘羁"，因此，不是现世的功业，死后的名声，而是唯有个体性情的快乐心趣的满足，才是人生的第一要义、至上价值："死去何所知，称心固为好。"(《饮酒诗》之十一)"今我不为乐，知有来岁不？"(《酬刘柴桑》)这些诗句里所贯穿的正是一种浓烈的自傲、自足、自得、自乐之情愫，一种真正的"自我"生命意识的醒觉。那么，如何实现贵"我"轻"物"的人格理想呢？在诗人看来，其直接现实的有效方式，就是离开庙堂，走出宦海，回到大自然的怀抱里，回到素朴淳真的田园生活中。只有在这里，"我"才能真正体味到生命超越的意义，享受到感性人生的快乐和自由：

> 久在樊笼里，复得返自然。（《归田园居》之一）
>
> 泛此忘忧物，远我达世情。（《饮酒诗》之七）
>
> 静念园林好，人间良可辞。（《规林诗》之二）

这里的"自然"，既是园林田野之自然，也是人性生命之自然。返回了自然，也就返回了"自我"。那么，一切世俗的荣辱、沉浮、利害、得失，以及由此带来的伤感与痛苦，就都会在这淳朴、安适、宁静、平和的田野园林中遗忘了，净化了，因为"诗书敦宿好，林园无俗情"（《还江陵夜行途中诗》）。诗人栖息于人性生命的家园，体味着个体性情的本真，仿佛真的达到了"傲然自足，抱朴含真"（《劝农诗》）的"自我超越"型人格境界。可以看出，玄学"皆陈自然"（王弼）或"越名教而任自然"（嵇康）的精神在陶渊明这里表现得是很鲜明、很充分的。

然而，仅仅读懂这一层意思，还不能说已完全读懂了陶渊明。因为玄学思想崇尚"无"但并不绝弃"有"，本乎"内"但又讲乐乎"外"，实际上并没真正消除无与有、内与外之间的差异和对立，也就是并没真正消除"物"与"我"之间的矛盾。既然如此，"我"要想真正忘掉"物"也就是不可能的。于是，这样的问题就提出来了：陶渊明的返归自然，是否意味着他真的心情闲静灵魂安宁了？真的把大自然当成自己的"自来亲人"，当成自己的同族知己，同它达到两忘俱一的自由了呢？似乎还不能这么说。

陶渊明的田园诗虽总体上以平淡、自然为旨趣，并以此体现诗人对一种超越型自我人格的刻意追求，但仔细体味之，陶氏灵魂其实并没有在田园生活中获得真正的闲静与安宁，或者说并没有像人们所说的那样在人与自然之间达到两忘俱一的自由境界。陶渊明在"或有数斗酒，闲饮自欢然"（《答庞参军诗》）的同时，又情不自禁地感喟起"人乖运见疏""言尽意不舒"（《赠羊长史诗》）了。遥想当年，"猛志逸四海，骞翮思远翥"（《杂诗》之五），而今却只能在"眷眷往昔时，忆此断人肠"（《杂诗》之三）的怀旧中度过岁月，于是，"有志不获骋""我去不再阳"（《杂诗》之二、之三）的惆怅和凄凉便始终像梦魇一样纠缠苦恼着这位田园诗人，使他的整体人格笼罩着一层挥洒不去的悲剧色彩。朱熹说，陶诗中最能"露出本相者，是《咏荆轲》一篇，平淡的人如何说得这样言语出来"（《朱子语类》卷一四〇），这是点中陶诗要害的。所以说，陶诗在平淡自然的表象下面仍隐藏着难以消解的内外矛盾和物我冲突，而这与他在精神上始终未能走出玄学语境是有深刻关系的。

能进一步说明这一点的，是陶诗对田园景物的描写，也基本是一种以物衬我、以景喻人，或如同顾恺之所讲"此子宜置丘壑中"的"魏晋风度"模式。陶氏的田园诗，固然表达了诗人在园林野趣中寻求人格超越的一种行为方式，但观其主旨，田园景色并非诗人尽情玩味和欣赏的独立审美对象，而总体上仍然是一种陪衬性、背景性存在，是为突出诗人"自我"而设置的一种氛围，一种底色。因此，诗人对自然物的描写，更多的是一种借物喻己、托景言志的修辞形式。比如诗人写的最多的是松柏、秋菊、幽兰、竹林、归鸟等等可以暗喻真纯、清高、孤傲、超拔、刚正、自由等理想品格的意象，如写松柏，"感彼柏下人""青松在东园""青松夹路生"等；写兰花，"幽兰生前庭"，"荣荣窗下兰"等；写菊花，"秋菊有佳色""菊为制颓龄"等。写的最多的还是鸟，因为鸟象征着无拘无束的飞翔和自由，所以成为追求自我超越的诗人最爱写的意象，诸如"纷纷飞鸟还""晨鸟暮来还""望云惭高鸟""羁鸟恋旧林""云鹤有奇翼""响雁鸣云霄""林鸟喜晨开""归鸟趋林鸣"等等，不一而足。这类意象真正的审美意义不是对自然物本身的玩赏，而是诗人对自我人格的一种暗喻和肯定，显示着诗人一种玄思化的审美情怀。在这里，自然美是依附于人格美的。所以，严格地说，田园诗并非真正文人化的吟风赏月模山范水的写景诗，而仍是一种偏于社会价值内涵的言志诗。

当然，也不能将田园诗等同于一般的言志诗，而与山水诗截然区分开来。事实上，陶渊明的田园诗又露出了向山水诗走去的端倪。著名的《饮酒诗》（之五）便是一例：

结庐在人境，而无车马喧。问君何能尔，心远地自

偏。采菊东篱下，悠然见南山。山气日夕佳，飞鸟相与
还。此中有真意，欲辨已忘言。

这一首脍炙人口的诗，在物色景致的描写中虽仍
能约略现出诗人的自我形象，但其人格本体的
意味已不很突出。它所呈现出的更多的是一种
静谧、空灵、淡远、寂寥的审美境界。秋菊、南
山、夕阳、归鸟，构成了一幅笔墨简省的山水写
意画。独善的、超然的人格形象在这里隐没了，
人与自然、物与我已经很接近两忘俱一了。其中
"心远地自偏"一句，道出了诗境之空、静、淡、
寂的心灵本体根源，虽仍不乏玄意，但也颇有些
佛味了。这说明陶渊明尽管更通于玄学语境，但
他毕竟生活在佛学盛行的东晋了，所以受些佛学
的濡染也是不可避免的。他的这首与山水诗很接
近的田园诗，大概与这种濡染是有关系的。这意
味着，尽管陶渊明主要是一位以"自我超越"为
主旨的田园诗人，但这种较为空灵淡静的田园诗
的出现，则又在某种程度上揭开了向山水诗发展
的序幕，预示了中国诗歌的一次重要变迁的即将
到来。

山水诗

山水诗的崛然兴起，和一位叫谢灵运的著名诗人是分不开的。我们讲过，谢灵运是一位山水迷，而且他喜爱山水，不是因为政治失意（政治失意与迷恋山水之间并无必然联系），而是与他对佛学的深刻体悟以及由此所形成的特定审美趣味有着深切关系。所以，我们要谈谢灵运的山水诗，就不能不先简要地谈一下他的佛学观念。

跟山水画家宗炳同时是一位佛学家一样，山水诗人谢灵运也是有名的佛学家。汤用彤说："南朝佛法之隆盛，约有三时。一在元嘉之世，以谢康乐为其中巨子。"〔1〕这说明，谢灵运并不是一般的佛学爱好者，而是一位很有影响的佛学家。佛学在学理层面上，关注的重心不是自我人格的塑造，而是内在精神（心灵）的扩展。这是它有别于中国本土哲学的地方。宗炳已明确指出了这一点，而谢灵运对此也极为重视。他说："六经典文，本在济俗为治耳，必求性灵真奥，岂得不以佛经为指南邪？"〔2〕儒家经典的功能只是"济俗为治"，而佛教经典则是专门探求心

灵的"真奥"，而谢氏感兴趣的正是后者的这一
"功能"。正因如此，他非常推崇竺道生的"顿悟
成佛"说。"顿悟"是相对于"渐悟"而言的。
"渐悟"讲的是通过"积学""累学"而逐渐地体
悟到最高的本体。它要求的是一步一步地修炼功
夫。但"顿悟"说认为，最高本体（佛）是一个
不可分的整体，因而不能通过一步一步地"积
学""渐修"达到，而只能在刹那间（一念之间）
豁然体悟到它。所以，对于这个不可分的本体，
要么顿悟，要么不悟，没有"渐悟"一途。那么
这个"顿悟"的基本方法是什么呢？用竺道生的
话说，就是"以不二之悟，符不分之理"（慧远
《肇论疏》选）。因为"佛"（"理"）是一个整体，
所以是"不分"；而所谓"不二"，则指不要用二
元模式来思维，不要在人与佛、有和无、心和
物、本体与存在等等之间设定差异和对立，实际
上它们是泯然无别的，是圆融整一的，因此，成
佛的关键即在对最高本体的"一念"之间的豁然
顿悟，而用不着向外面、向"西方"去一点点地
追求，一点点地"渐修"。对于谢灵运来说，这
个"顿悟"说之所以重要，就在于它提出的这种

"不二"思维。用了这种思维，一切主客、物我、情理等等差别统统消失了，变得非此非彼、亦此亦彼了，人的心灵也因此而真得"无滞""无累"了。所以谢灵运在《与诸道人辨宗论》中说："至夫一悟，万滞同尽耳。"所谓"万滞同尽"，也就是世俗观念中一切的差别，种种的执着，都消泯无迹、浑然如一了。这个"不二"思维实际上就是佛学所谓的"中道"，用谢灵运的话说，则是：

> 壹有无，同我物者，出于照也。

"照"，《说文》解作"明也"，即照明、神明、明慧之意，在这里即指般若智慧的顿悟洞照。通过这种"照"，有和无、我和物的差别没有了，都两忘俱一了，这样，大千世界，万事万物，都成为普遍显现着精神本体之无限韵味的意象和境界。

显而易见，如果将这一佛学思想中的宗教神秘色彩剔除掉，它不正是中国古典山水美学和意境理论的精髓之所在吗？那么，佛学家谢灵运能成为中国山水诗的一位开山鼻祖，也就是一件不足奇怪的事了。

其实，作为刘宋时代山水诗人的代表，谢灵运正是从佛学的神秘中走出来，走向山水，走向自然的。在他的山水诗中，一个主要的特点，就是不再像田园诗那样明确标榜"自我"人格，不再具有明显的贵"我"轻"物"之色彩，而是鲜明地突出了一种以"心"为本的"感心""赏心""悟心"等审美意味。在谢诗中我们可以随处看到这样的句子：

> 邂逅赏心人，与我顺怀抱。(《相逢行》)
>
> 将穷山海迹，永绝赏心悟。(《永初三年七月十六日之郡初发都》)
>
> 含情尚劳爱，如何离赏心。(《晚出西射堂》)

这里反复出现的"赏心"一词，是"心意欢乐"和"娱悦心志"之意。可见，构成谢诗核心的不是"人格"而是"心意"。但谢灵运写的是山水诗，而不是直抒心意的表情诗，因此诗人的"赏心"又是通过感物写景自然完成的。换言之，诗人观赏一山一水，感受一草一木，实质上是在观赏自己的心情，感悟自己的神意，并在这观赏感悟中体验到内在的欢畅和自由。因为按照诗人的佛学观点，在"圣心"的"洞照"下，有与无、内与外、我与物、情与景等等是泯然无别澹然如一的，所以山水自然也就成了人的心情神意的外在感应形式，或者说就是"心"之本体的生动显现。故面对自然万象，诗人就会产生"人之执情，希景悼心"(《住京诗》)、"因云往情，感风来叹"(《赠从弟弘元》)的物我两忘之体验。在这个意义上，山水诗也正是古典写意诗、抒情诗的一种范本，是诗人"灵域久韬隐，如与心赏交"(《石室山诗》)的审美产物。总之，在谢灵运那里，不是"自我"而是"心意"，不是人格的超脱而是心灵的娱悦，不是贵"我"轻"物"的情性自守而是物我两忘的精神自由，成为其山水诗的基本题旨；而这，与般若佛学以精神为本、以"圣心"为境的内在义理正是相契互应的。

说谢氏山水诗是物我两忘的抒情诗、写意诗，即意味着在诗人的笔下，山水景物既不是所谓"起兴"的手段，也不是诗人人格情操的象征，更不等同于内心苦闷的慰藉物，而是诗人自由观赏、把玩、品味的审美意象：

> 景夕群物清，对玩咸可喜。(《初往新安至桐庐口》)
>
> 抚化心无厌，览物眷弥重。(《于南山往北山经湖中瞻眺》)
>
> 援萝聆青崖，春心自相属。(《过白岸亭》)
>
> 心契九秋干，目玩三春荑。(《登石门最高顶》)

在诗人看来，自然和人是一见如故的、心心相属的，它本身就似乎充溢着人的情感，人的意绪；人来到它身边，仿佛遇见的是知己，是亲人，难免会"想象微景，延伫音翰"(《赠从弟弘元》)，不仅同自然发生情感上的沟通和交流，而且还会与之进行某种玩耍性的审美嬉戏。这是一种真正的主客无别状态。所以，山水诗一方面是抒情写意的，是主体的"赏心""感心""悟心"，即观赏自己的心情，品味内在的快乐，表达一种主观自由的性灵和精神，但表面看来却又是"极貌以写物"的，是观风赏月模山范水的诗。诗人是将自己隐没于自然之中的，与自然合而为一的，其所表现的正是王国维所说的"无我之境"；另一方面，它似乎是纯写山水的，是真正意义的写景诗，但实质上又是写意的，是中国古典抒情诗的代表。最好的山水诗往往是最好的抒情诗。它是处处不见"我"，却又处处都是"我"，处处都凝结着"我"的情怀、意趣和风韵。如他的一些脍炙人口的诗句：

> 池塘生春草，园柳变鸣禽。（《登池上楼》）
>
> 明月照积雪，朔风劲且哀。（《岁暮诗》）
>
> 云日相辉映，空水共澄鲜。（《登江中孤屿》）
>
> 石浅水潺湲，日落山照曜。（《七里濑》）

从这些充满无尽生机、情趣、韵味的物色景致中，我们不是正看到了诗人的一片空灵、闲静、冲淡、和悦的襟怀心境吗？

　　所以，在谢灵运的山水诗中，人与自然之间已经没有了田园诗里的主次、贵贱之别，其总体审美特征是内在的"有我""有情"，却又凝结为"无我""无情"的物景形态，物与我、情与景、人与自然是泯然两忘、浑然一体的。后代评家如皎然、黄子云、王夫之等，皆以"情景如一"之义解读谢诗，可谓得其三昧。需要指出的是，这个"情景如一"的概括，可不是一句简单的话，不是所有的诗都可以评价为"情景如一"的。只有在佛学文化语境中所产生的山水诗，才真正达到了"情景如一"。它所表述的正是一种既有佛禅意趣、又有审美韵味的诗化境界。

一般认为，田园诗人陶渊明比山水诗人谢灵运，无论在人格上，还是在艺术上，都要高出一筹。这种貌似合理的看法实在值得怀疑。因为且不论人格问题是一个复杂的问题，并没有一个固定的、唯一的标准，单就艺术来说，恐怕不能简单地作孰高孰低的断定。实际上，从审美文化的内在趋势讲，从中国诗歌艺术发展的规律讲，自六朝以降，真正代表诗歌主流形态的并不是田园诗，而是山水诗。同样，说起对南朝以及唐代以后诗歌发展的实际影响来，谢灵运也明显超过陶渊明。通过我们的研究也可看到，从田园诗发展到山水诗，从陶渊明发展到谢灵运，不是偶然的，而是中国审美文化在诗歌领域所显示出来的内在必然。如果缺乏历史的、美学的眼光，而只是套用狭隘的道德主义尺度，那就难以对陶、谢诗歌真实的审美价值和意义，做出客观评价。

当然，山水诗在谢灵运那里毕竟才刚刚起步，还处于一种向王维式的圆熟化写作过渡的阶段。这也就是他的诗在某些方面显得雕琢、生涩、有失"自然"的原因。其实，这与宗炳的山水画也存在着"或水不容泛，或人大于山"（张彦远《历代名画记》）的缺憾是基本相似的。这是一种可以理解的历史性缺憾。

律体诗与骈体文

自魏晋以来，中国审美文化发展的一个重要转折，就是人们对于那种几乎是纯粹之"美"的痴迷眷恋和自觉追求。这一点反映在文学上，便表现为语言形式美意识的崛然而起，其典型标志就是兴起于魏晋、全盛于南朝（北朝亦随后盛行）的律体诗和骈体文。

律体诗，一般视为近体诗的一种，起始于汉末魏晋的五言诗，初成于南朝齐的所谓"永明体"。永明，是齐武帝年号（483—493）。这一时期，围绕着武帝次子竟陵王萧子良，形成了一个由许多才名之士所组成的文学集团，其中最著名的，是萧衍、沈约、谢朓、王融、萧琛、范云、任昉、陆倕八人，号为"竟陵八友"。当时有一位跟萧子良也非常交密的人，叫周颙，他发现了汉字有平、上、去、入四种声调；"八友"中的著名诗人沈约，便根据四声和双声叠韵的学问来研究诗句中声、韵、调的配合关系，发明了"四声""八病"之说。沈约所归纳的诗歌声律与晋宋以来讲究对偶的诗歌新尚相配合，就形成了具有格律的新体诗，史称为"永明体"。它造成了古典诗歌从比较自由的"古体"向格律严整的"近体"演变的一次关键性过渡和变折。这是文学语言之美的真正发现和提升。

谢朓是永明诗人中最有成就的一位，他与同族前辈谢灵运均擅山水诗，有"大小谢"的并称。他的诗将写山水与运用永明声律结合起来，显示出清丽细密、铿锵抑扬的审美特点，推动了山水诗的发展。不过从律体诗的角度看，他的《入朝曲》最有代表性：

> 江南佳丽地，金陵帝王州。逶迤带绿水，迢递起朱楼。飞甍夹驰道，垂柳荫御沟。凝笳翼高盖，叠鼓送华辀。献纳云台表，功名良可收。

此诗语言大都平仄协调，对仗工整，描写洗练，词采华美，是"永明体"的典型作品。

至梁、陈时代，诗歌的格律化倾向更趋严整。比如杜甫自述曾苦心学习过的何逊、阴铿，其对格律的讲究就已臻于完善。何逊有首《临行与故游夜别》写道："历稔共追随，一旦辞群匹。复如东注水，未有西归日。夜雨滴空阶，晓灯暗离室。相悲各罢酒，何时同促膝？"此诗五言八句，平仄相间，中间两联对仗工整，承转有序，结句注重章法，已近唐代五律。陈代的阴铿有首《晚出新亭》写道："大江一浩荡，离悲足几重。潮落犹如盖，云昏不作峰。远戍惟闻鼓，寒山但见松。九十方称半，归途讵有踪？"此诗全部用平声韵，结句用反问，可谓字斟句酌，余味悠远，其营构意境与巧用声律的配合比何逊又进了一步。这表明，格律体诗距离唐代的成熟已经不远了。

所谓骈体文，也叫骈俪文、对偶文。它源于中国古代一种偶比对仗的修辞手法，该手法大抵起于先秦，习于两汉，盛于中古，成熟于唐代，进而造成了一种与散体文相区别的新文体。魏晋，特别是南朝是骈体文发展的关键时代。这时期骈体文的典型作者，如鲁迅所言，一为"文雅的庸主"，一为"柔媚的词臣"。前者如梁武帝、梁简文帝、梁元帝、陈后主等，后者如沈约、任昉、徐陵、江总、庾信等。帝王如此身体力行，群臣这样争宠翰墨，骈体文焉有不盛之理？骈体文的主要特点，是要求通篇文章句法结构相互对称，词语对偶，而且这个对偶还要分言对、事对、正对、反对等多种类型，句子的字数也趋向于骈四俪六，有"四六文"之称。在声韵上，则要求平仄配合，"辘轳交往"，达到音律和谐，抑扬铿锵。其他还有用典、比喻、夸饰、物色等各种技巧。南朝作家争先恐后地运用骈体文去表达原本由散体文来表述的内容，导致了骈体文的畸形繁荣，使骈体文成为南朝文坛最具典型性的文体。

刘宋时期最杰出的骈体文作家鲍照，不是那

种围着人主转的世族重臣，但他在诗文创作上却享誉朝野，与谢灵运、颜延之并称"元嘉三大家"。他的骈体文代表作是《芜城赋》。此文以夸张对比手法描写广陵城的盛衰变迁，继而感叹繁华如梦世事无常，充满后人所说的"驱迈苍凉之气，惊心动魄之词"。其中用对偶骈句式描写广陵乱后的荒凉破败景象，尤让人触目惊心：

> 泽葵依井，荒葛罥涂。坛罗虺蜮，阶斗麕鼯。木魅山鬼，野鼠城狐，风嗥雨啸，昏见晨趋。饥鹰厉吻，寒鸱吓雏。伏暴藏虎，乳血飧肤。崩榛塞路，峥嵘古馗。白杨早落，塞草前衰。棱棱霜气，蔌蔌风威。孤蓬自振，惊沙坐飞。……

在作者笔下，"芜城"虽非死城，但却是一座恐怖之城。这种阴森可怖的、富于刺激性、震撼性的意象创造，除了主题的特殊意涵外，与其骈俪化、渲染性的有力描写是不无关系的。

南朝梁代善骈体文者最多，有代表性的也可以数出不少，以君主论，梁氏父子数人，萧衍的《净业赋》、萧统的《陶渊明集序》、萧纲的《晚春赋》、萧绎的《采莲赋》《荡妇秋思赋》

等皆文辞精粹，抑扬清婉。以词臣论，更是人才济济，盛极一时。著名者如沈约、任昉、陆倕、丘迟、何逊、吴均、王筠、江淹、刘峻、庾肩吾、庾信、陶弘景等。其中丘迟的《与陈伯之书》颇可一观。这是一篇寄往魏将陈伯的劝降书。文章虽为书信，但自由挥洒，收纵自如，以骈俪之体，写委婉之情。尤其写景一段，最为清丽动人：

> 暮春三月，江南草长，杂花生树，群莺乱飞。见故国之旗鼓，感生平于畴日，抚弦登陴，岂不怆恨！所以廉公之思赵将，吴子之泣西河，人之情也。将军独无情哉？

通过描写江南的宜人风光，以激发对方的故国之情，达到使其归降的目的，可谓独具匠心。作者在这里将抒情、说理与言语的骈偶形式巧妙地融合在一起，使骈体文写作显露出这样一种迹象，即开始摆脱片面追逐言词偶对的生硬技术状态，而逐步走向一种与内容融合无迹的较为圆熟自然的审美境界。

　　律体诗和骈体文在魏晋、特别是南朝时期的

格外盛行，遭到之后人们较多的批评，甚至把它视为文学的一种堕落，其理由主要是说它"争构纤微，竞为雕刻"，"风雅不作"，"兴寄都绝"，也就是只讲形式，不重内容；只讲辞藻，不重情志；只讲审美，不重功利，违背了"文以载道""经世致用""劝善惩恶"等等所谓的"王化之本"，所以有害无益。这种批评指出了它过于强调形式、强调审美而忽视文学的社会内容和伦理功用，不能说毫无道理。但律体诗和骈体文的出现，又自有它的内在理由和根据，倘只用那种伦理功用论美学观作为唯一的批评尺度，不仅会有削足适履之弊，而且也违背审美文化发展的内在趋势和规律。实际上，这两种文体，有一个共同点，那就是都极为精深地发掘了文学中汉语词汇特有的声调之美，音节特有的结构之美，布局谋篇的均衡和谐之美等等，一句话，将形式美规律在文学中的应用推向了一个新阶段。它所带来的，其实不仅是诗文的好读、好听、好看，不仅是文学表现方式的趋于成熟，而且它标志着古代人心灵对形式美的真正敞开和向往，标志着华夏民族美学精神的一次解放，标志着中国审美文化

④ / 《列女仁智图》
（局部，顾恺之绘，宋摹本）

⑤ /　《女史箴图》
　　　（局部，顾恺之绘，唐摹本）

根据西晋张华《女史箴赋》所画的变相图，旨在道德功诫

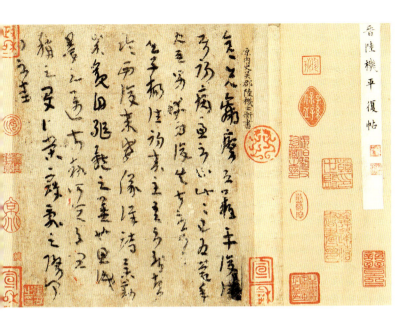

从头至尾，以秃毫枯锋，信笔而行，笔法圆浑，结体疏淡，率性无拘，随意自然，字本不相连而气脉贯通，笔迹流畅又内含道力；看似了不经意，涂抹而成，实则精能奇古，功力深厚，笔墨之间，意韵萧散。

⑥ / 陆机
《平复贴》

⑦ / 王羲之
《十七帖》（上海图书馆藏张伯英本）

《十七帖》为唐太宗李世民购集王羲之以草书体写的信札墨迹，因起首有"十七"二字而得名。观赏全帖，只见字字独立，互不牵连，然又上下俯仰，左右顾盼，气韵淋漓，生趣贯注。点画之间，似有一种深长难状的无尽意味在流溢、在涌动，素有"一笔书"之称。

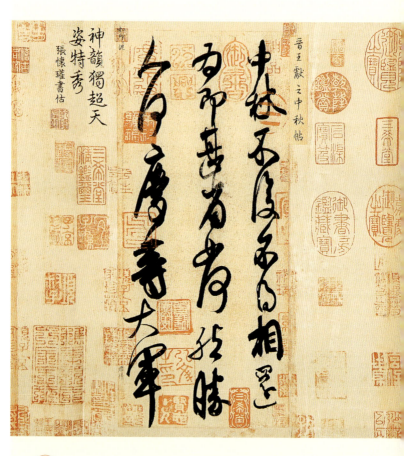

晋王献之中秋帖

神韵独超天
姿特秀
张怀瓘书估

⑧ / 王献之
《中秋帖》

此帖走笔如风，酣畅淋漓，一笔连写数字而不断，体势连绵萦绕而浑整，被米芾赞誉为"所谓一笔书，天下子敬第一帖也"（《书史》）。

9 / 陶弘景
《瘗鹤铭》（局部）

高 29.2 厘米，表情恬静含蓄，衣纹流畅规整，显得优雅典丽、圆润柔美。

⑩ / 金铜佛坐像（南朝宋）

⑪ / 麦积山石窟第 23 号窟正壁主佛像（北魏）

作高肉髻，长方脸状，额宽颏薄，眼睑稍长，高鼻深目，同时又细颈削肩，形象秀美，小嘴薄唇且呈弧线上翘，微含笑意。

身形是一种瘦长、清秀状，但脸型面相却开始渐趋丰颐。不过这丰圆型跟第一阶段的圆胖又有不同，是圆而微长、丰而不胖。在身量体态上，还显出逸渐增高加大的趋势。

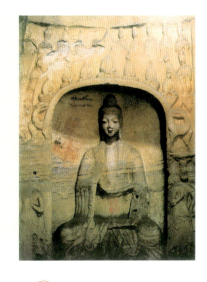

⑫ / 云冈石窟第 29 窟东壁坐佛
（北魏）

⑬ / 石雕佛立像
（北齐，山东青州出土）

⑭ / 麦积山石窟第 60 号龛正壁
释迦牟尼造像（北周）

头作低平肉髻状，面形方中显圆，晶莹如玉；耳大厚软，鼻直唇弯，眼睑轻合，神情安详，作凝思遐想状。

⑮ / 敦煌 290 窟彩塑菩萨像（北周）

从偏于善的价值向重视美的韵味的转变和飞跃，标志着审美意识的真正自觉和独立。

文学美学思想

东晋南朝（宋齐）时期的文学美学思想，也进入了一个较高的发展阶段。如果说魏晋之际在玄学理性思潮的背景下，文学美学提出了著名的"诗缘情"命题的话，那么这一时期的文学美学，则在佛学精神本体论的文化语境中，对"缘情"文学的内在审美要素、结构和蕴涵作了更为深入的思索，对作为文学媒介的汉语言的独特审美价值和规律进行了突破性的探讨，进一步强调了文学的表情写意特性和审美愉悦特征，从而为古典文学美学的成熟作了充分的理论准备。显然，在整个中古美学的"大转折"趋向中，这是一个向纵深拓展的阶段。

范晔的"以意为主"说　南朝宋范晔既是一位以作《后汉书》著名的史学家，也是一位很重要的美学思想家。《宋书·范晔传》说他"少好学，博涉经史，善为文章，能隶书，晓音律"，"善弹琵琶，能为新声"。这说明他不仅懂历史，而且也很有艺术修养；还说"晔性精微有思致"，说明他是个有思想的人。从他留下的零散言论看，他对文学就有着非常独到的理解和精深的思考。

范晔文学美学思想的核心是"以意为主"说。在中国美学史上，范晔是明确提出此说的第一人。他在《狱中与诸甥侄书》中写道：

> 文患其事尽于形，情急于藻，义牵其旨，韵移其意。……常谓情志所托，故当以意为主，以文传意。以意为主，则其旨必见；以文传意，则其词不流。然后抽其芬芳，振其金石耳。此中情性旨趣，千条百品，屈曲有成理……
>
> 性别宫商，识清浊，斯自然也。……但多公家之言，少于事外远致，以此为恨，亦由无意于文名故也。
>
> （《宋书·范晔传》）

在古代对"文"的内涵的解释过程中，范晔是一个相当重要的理论环节。他此处所说的

"文"，按照罗根泽的看法，实际"与我们所谓
'文学'已无大异，不过未鲜明的谓此为文学定
义而已"〔3〕。范晔认为，文学最忌讳的就是单
纯追求形貌的逼似和辞藻的泛滥。它不能用
带韵的文词来限制人的心意，更不能用王道政
治的义理来代替文学的旨趣。文学源于"情志
所托"，所以应"以意为主"。这个"意"指的
是什么？当然不是别的什么"意"，而只能是与
"情志"相通的"意"，或者说是一种内在自由
的个体心意、情意、意念、意趣等。有了这样
一种"意"，文学才会跟偏于现实功用的"公家
之言"区别开来，达到一种趋于无限的"事外远
致"，产生难以言传、不可穷尽的审美趣味。这
个"事外远致"说的提出是值得注意的。它首次
触及"写意"论美学的一个重要思想，即艺术的
美就是在有限中显现无限，在具体的事象中显现
出超事象的神韵意味。所以，范晔此论，可视为
钟嵘"滋味"说的雏形，还可看做司空图"韵外
之致""味外之旨"说的先声。

正因"以意为主"，所以在范晔看来，文学
的功能就是用"文"（审美性的文辞）来传达出

这样的"意"。只有以传达人的情感心意为主，文学才会呈现出不尽的趣味，而语言文辞只有用来传达人的情感心意，也才不会流于泛滥。有了这样的"意""文"关系，文学自然就具有了像香气乐音一样赏心悦目的美。应当说，范晔在"以意为主"基础上对文学内容与形式的关系，也做出了崭新的、富于开拓性和创造性的解释。

正是从"以意为主"的规定出发，范晔对文学的"篇辞"形式作了很精到的说明。他认为，文学的形式不是外在的东西，而是人的性情、心意的一种自然呈现，即所谓"性别宫商，识清浊，斯自然也"。人的性情的感发，心意的流动，既然是自然而然的，则必是合乎"成理"的，即符合自然和审美规律的，所以他讲"情性旨趣，千条百品，屈曲有成理"。这样，"理"主要不再是外在的王道伦理，而是与人的心意相契合的"自然"之理，就文学言，这个"自然"之理就表现为一种有序的、合乎美的规律的"篇辞"形式。这样一来，情感内容与"篇辞"形式就成为同一件事情了。范晔在《后汉书·文苑传赞》中也说了同样的意思：

情志既动，篇辞为贵，抽心呈貌，非雕非蔚，殊状
共体，同声异气，言观丽则，永监淫费。

文学的实质是"情志既动"，形式则就是"篇辞
为贵"。文学的"貌"（形式）不是外在的、另加
的，而就是"心"（内容、实质）的自然呈现。
这样的形式，就既不是刻意雕琢的，也不是铺张
泛滥的，而是与情志内容融合为一的，因而它很
自然地符合着"丽以则"的审美原则，永远不
会破坏中和之美。"情"在流动中自由地暗合着
"理"，而"理"又凝结为一种由情感所呈现的形
式，情与理也就达到了难分难解的无限和谐。这
样，在"宫商"的"清浊"有序的组合中，就产
生了一种新质，那就是超越着"宫商""清浊"
之感性有限性的"事外远致"，亦即涵蕴着人的
"情性旨趣"的、不可穷尽的审美意味。应当说，
范晔对形式美的这一看法，是独出机杼的，也是
很深刻的。他一方面流露出了重形式之美的倾
向，一方面又将形式之美统一在情意内容上，统
一在内在心意的自然呈现上，使文学形式本身即
具有无尽的审美意味。这无疑是对古代形式美学

的一大发展，为此后沈约的形式美学构思开辟了道路。

总之，范晔的"以意为主"说的提出，可以说是为古代文学美学开拓了一种新话题、新思路，其意义跟绘画美学中宗炳的"畅神而已"说、书法美学中王僧虔的"神彩为上"说等等是大体相当的，基本处于同一历史环节的。

萧子显的"各任怀抱"说 萧子显是南朝梁史学家，曾撰《后汉书》百卷，今佚。又撰《齐书》六十卷，今称《南齐书》。萧子显同时也是位美学思想家，他在《南齐书·文学传论》里对文学的审美特性发表了非常精彩的、新鲜的意见，有些意见不仅发前人之所未发，而且对后代许多年而言，也具有明显的超前性。我们将他的美学思想概括为"各任怀抱"说，其中内涵主要有这么几个方面：

首先，萧子显认定，文学就是一种表现个人性情、抒发内在怀抱的艺术类型。他说：

> 文章者，盖情性之风标，神明之律吕也。蕴思含毫，游心内运，放言落纸，气韵天成，莫不禀以生灵，迁乎爱嗜，机见殊门，赏悟纷杂。……各任怀抱，共为

权衡。

这里对文学所作的规定是明确的，颇具理论色彩的。文学之为文学，就在于它本质上是抒情的、游心的，是人的生命性情、爱欲体验的一种天然自由的表达形式，因而"情"（情感、情意等）的意义在萧子显的文学美学中是至关重要的。正因为文学是抒情表意的，所以萧氏认为，它的审美风貌必然是个性化的、绚烂多姿的，是生命个体"各任怀抱"的一种产物。这个"各任怀抱"说值得注意，它涉及了文学抒情的个性化原则，这在古典美学话语中是异乎寻常的。从理论的承续性讲，它是西晋陆机"缘情"说的一种深化，而"缘情"说在朱自清先生的解释中，就是指文学要表现"一己的穷通出处"。可见，个人化原则是魏晋以来"文的自觉"的一大标志。就萧子显本人而言，"各任怀抱"也并不是他的一个偶然想法，而是贯乎他思想的始终的。比如他还提出了"独中胸怀"说，也是讲文学应独抒自我之胸怀。所谓"怀抱""胸怀"，即为个人的情感意欲、内在心理，与王道伦理、现实政治等外在价值大约是没直接关系的。所以，强调文学是一种个人性情、意欲、心灵、胸怀之表现，是萧子显美学理论的一大贡献。

其次，萧子显重"情"，也重"神"。这大约是晋宋以来的佛学精神本体论观念逐渐渗入文学意识中的表现。"神"与"情"有联系，都属主观范畴，但也有差别，"情"更偏于生命、意欲之体验，而"神"则偏于心灵、精神之活动。萧子显将"神"这一概念引入文学，体现了他对文学中的心、物关系的凝视，对文学中的心灵、精神因素的关注。这一点，除表现在前面所讲的"游心内运"一说外，还主要表现在以下表述上：

> 属文之道，事出神思，感召无象，变化不穷。俱五声之音响，而出言异句；等万物之情状，而下笔殊形。

在这里，他首次提出了"神思"概念，并把这一概念视为文学的根本，认为文学创作就是一个主体以神感物、以意召象的过程。正因为是一种主体神思的自由创造活动，所以文学的世界也是千变万化、多姿多彩的，充满了个性的无穷魅力。虽然大家都讲声律规范，但彼此说出的话却又因人而异；万物的情状虽然是大家都共同面对的，但在每人的笔下却又显得迥然异趣，各有特色。这一切的原因在于文学是本乎"神思"的，而神思则是主观个别的、无限自由的。这也就是说，在"神思"与"物象"的关系上，不是主观的神思追逐、模拟客观的物象，而是主观同化着客观，神思塑造着物象。这里所深刻体现的，正是神思与物象、主观与客观、个别与一般、自由与必然等等之间的艺术辩证法、审美辩证法。对于中国审美文化来说，这个辩证法正反映着在佛学精神本体论语境中崛起的、一种偏于畅神写意的古典美学新趋势。

再次，正因为感到了文学主乎情性、本乎神思的特征，萧子显又进一步深刻触及了文学创作有意与无意、有目的与无目的关系问题，他说：

> 若夫委自天机，参之史传，应思悱来，勿先构聚。言尚易了，文憎过意，吐石含金，滋润婉切。杂以风谣，轻唇利吻，不雅不俗，独中胸怀。

萧氏这里所说，应是对文章开头所讲"放言落纸，气韵天成"一语的深入阐发。在他看来，文学既然是"事出神思""各任怀抱"的，那么它当然就不应是一种预先策划的、有意"构聚"的理智活动，它来源于人的生命之天然、性情之自然，来源于一种不期而至的灵感。它在内心里涌动着，激荡着，想说出来却又说不出来，呈现为一种无意识、无目的的心理精神状态。应当让这种自然而然的生命意绪和心理精神无所拘忌地流淌出来。不能按着事先定好的框子和模子来写作，语言也要尽量地简明易懂，不要啰里啰嗦地说个没完，以至于淹没了内在的意旨。可以吸收民歌民谣的风格，它有利于真率自由地表达情感。不要刻意地追求雅或者俗，唯一应该做的，就是独抒性情，"各任怀抱"。当然，"委自天机"固然是根本的，但也不能否弃理性的东西。萧氏认为，文学还要"参之史传"，即要有一定的知识积累、文化修养和社会理想，有一个"有意"学习实践的必然过程。这样一旦进入创作，"有意"的学习就会转化为"无意"的创造，就会从必然转化为自由。这样写出的作品才会"吐石含金，滋润婉切"，具有真正的悦心动人之美。

不难看出，继范晔的"以意为主"说之后，萧子显更加深化了晋宋以来强调缘情、讲究写意的文学美学。当然差别也有一点，那就是范晔还非常重视文学的"篇辞"形式，而萧子显则尤为突出了文学的性情神意内容，而对其语言形式的关心却不明显，甚至对那种过于注重形式的倾向还持反感态度。从审美文化史的角度看，这正好构成了范晔美学的一个辩证否定环节。而对萧子显美学的辩证扬弃和发展，便成了萧统要做的事了。

萧统的"以能文为本"说　萧统是梁武帝萧衍的长子。武帝天监元年立为太子，未及即位而卒，谥昭明，世称**昭明太子**（007）。信佛能文。曾召聚文学之士，编集《文选》三十卷。其美学思想多体现在《文选序》及《陶渊明集序》中。

《文选》又名《昭明文选》，是萧统主编的文章总集。既为"文选"，就有个"入选"的范围、宗旨、标准问题。正是在这里，萧统集中体现了他对文学所持的基本审美理念和趣尚。他所规定的"文选"范围、宗旨和标准，大致可用他的一句话来表述，即"以能文为本"。那么，什么是

007 萧统像（明刻本《三才图绘》插图）

"能文"呢?

"能文"，从字面意思看，似乎主要偏重的是文华、辞采等等语言形式之美。实际上，萧统虽非常重视文学的辞采形式，但这个"能文"还不仅仅指的是形式。对此，我们不妨从他的整体审美观念说起。

首先，萧统进一步承续和发挥了魏晋以来，

特别是范晔、萧子显等人所强调的文学重在表抒个人性情的思想。据《南史·萧统传》载，他本人虽为太子，却也是个性情中人。他"性爱丘山，于玄圃穿筑，更立亭馆，与朝士名素者游其中"。曾泛舟后池，有人劝他最好再弄些女乐来，他便随口念了左思的两句诗："何必丝与竹，山水有清音。"其品格趣味可见一斑。他尤好文学，每游宴赋诗，"皆属思便成，无所点易"，最喜与才学之士交，"文章著述，率以为常"，以至于"文学之盛，晋、宋以来未之有也"。了解了昭明太子的为人趣好，我们便不难走近他的文学美学思想了。他认为文学是写"情"的，而"情不在众事"（《陶渊明集序》）。"情"既不在众事，那就是一种个人的自然性情。但同时，这种个人之情，虽然远于"众事"，却又不是那种低级的情欲，因为"桑间濮上"，乃"亡国之音表"（《文选序》）；而真正的文学之"情"，却是与"道"这个本体相联系的，是"宜乎与大块而盈虚"的，因而它"岂能戚戚劳于忧思，汲汲役于人间！"萧统认为，对这一种"不在于众事"的、超乎"人间忧思"的个人之"情"，文学创作就应"随中和而任放",加以自由地表达。他还说:"含德之至,莫逾于道;亲己之切,无重于身。"(《陶渊明集序》)在这句话里,有两件事是至关重要的,那就是"含德"与"亲己"。而"含德"的标志,就是掌握最高本体和真理;"亲己"的标志,则是重视个体自我的生命。说白了,所谓"含德",就是要有大智慧,要达到精神心灵的澄明洞达;所谓"亲己",就是不要太难为、太拘禁自我的生命性情,而是应让它获得充分快乐和满足。可以说,这个"含德"与"亲己"之标准的设定,是对传统价值观的一种改造和突破。所以萧统在文学上要求抒发一种"与大块而盈虚"的个体之情,是以其独特的人格价值观作基础的。

其次,萧统对文学的伦理教化功能做了全新的阐释。作为一名皇太子,萧统当然要考虑文学的风教功用。但他并不拘泥于传统儒家的训诫,而是以一种新的眼光和尺度来看待这一问题。正是从前述"明道"与"重身"相统一的新的人格价值观出发,他在文学功能论上才独出机杼,认为那种发个体性情、写内心真意的作品,也是有益于社会教化的，不一定非以王化伦理为主题不可："岂止仁义可蹈，抑乃爵禄可辞。不必傍游泰华，远求柱史。此亦有助于风教也。"(《陶渊明集序》) 在他看来，像陶渊明的诗文，属于"贤人遁世"之作，但却是既"明道"又"重身"的，既体现了人生的最高智慧，又满足了个体的生命性情，这样的创作，真可谓"道存而身安"了，难道不是照样有助于人伦教化的吗？萧统对文学伦理功能的这一新解释，无疑会大大促进六朝审美文化日益自觉的内在化、表情化、心意化趋势。

再次，在对文学有了新的理解的基础上，萧统首次明确提出了文学的概念和标准。在他看来，诸子百家之作，贤人忠臣之辞，虽是"孝敬之准式，人伦之师友"，而且有的还才华横溢，立意深奥，巧智如悬，辞采繁茂，但它们却都有着明确的现实功利目的，而不是专意于审美愉悦的文学作品。他认为《文选》的内容应该"譬陶匏异器，并为入耳之娱；黼黻不同，俱为悦目之玩"，即都能给人以赏心悦目的审美快乐和享受。那什么样的作品才能满足这一要求呢？萧统为

《文选》提出的美学标准是：

> 事出于沉思，义归乎翰藻。

所谓"事"，也就是其所表现的题材内容，它们都必须是有意义的，然而这意义的表达，不同于一般哲学的、道德的、历史的、实用的文章，它应有个性化的真情实感，应经过独特的审美想象与深刻的艺术构思，并具有相应的语言辞藻之美。只有这种内容和形式在审美基础上完满统一的文章，才是文学的，才会给人以赏心悦目的快乐和享受。如此说来，萧统所谓"文"，并不仅仅指的是辞藻形式，而是指一种能给人带来独特快乐的审美品性。它既包含美的形式，也包含美的内容。所以，他提出的"以能文为本"说，不仅已把文学的审美价值放在了首位，而且还由此设定了一种用以判断文学与非文学的美学标准。虽说这个美学标准尚有笼统含混之嫌，但却有非常关键的历史意义。它不仅使得《文选》成为极有价值的文学史资料，而且它的出现，也标志着古代对于文学之为文学的审美特性的认识已趋明朗，标志着文学美学思想的发展已逐步走向成熟。

沈约的形式美理念 魏晋以来的审美文化之所以被视为一种历史性转折，呈现出空前的自觉，其重要标志之一就是形式美意识的觉醒。曹丕提出"诗赋欲丽"说，曹植首次将声律运用于诗歌创作，陆机倡导"音声迭代，五色相宣"的形式美规则等等，便是过去时代所不曾有过的。至东晋南朝，这一形式美理念更趋普遍。书法讲究"七条笔阵""十二笔势"等，绘画讲究画科分类、线彩构图、"图绘六法"等，文学中范晔设想出"殊状共体，同声异气"的声律标准等，都显示了这一趋势，而最突出、最有代表性的则是沈约所倡导的"四声八病"说。该说的提出，意味着中国文学（主要是诗）美学已超越了着重强调内容价值的发展阶段，而开始独立地思考文学形式本身的审美意义和效应了，正如朱光潜所说，中国文学从此进入"脱离音乐而在文字本身求音乐的时期"[4]。

沈约历仕南朝宋、齐、梁三代，是著名的"竟陵八友"之一和"永明体"的创始人。他是一位学识渊博之人，不仅在史学方面著有《晋书》

一百十卷,《宋书》一百卷,在佛学方面也有深厚造诣,著有《神不灭论》《佛记序》《佛知不异众生知义》《齐竞陵王题佛光文》等多篇佛学论文。在文学美学上的最大贡献,则是以"四声八病"为核心的声律论的提出。那么,他的声律论与他的佛学造诣有无关系呢?《梁书·沈约传》说:沈约"撰《四声谱》,以为在昔词人,累千载而不寤,而独得胸衿,穷其妙旨,自谓入神之作"。我们知道,沈约曾把佛学称作"原本心灵"的"神道",而声律论又被他视为"入神之作",可见二者之间是有内在联系的,只是这种联系远没有宗炳、谢灵运的美学与其佛学的联系那样密切罢了。同时,印度声明论(音韵学)于魏晋之际随佛教一同传入。声与韵的研究自此成为专门学问。沈约作为佛学家自然会对声明论有所了解,这一点与他的声律论的提出也肯定不无关系。

沈约的形式美学的总体思路可以概括为"以情纬文,以文被质"(《宋书·谢灵运传论》)。也就是说,他把内容与形式的关系理解为"情"与"文"的关系("情"即是"质"),这跟当时的审美风尚是一致的。他认为诗歌创作一方面要根据情感来组织文辞，另一方面又要用文辞来润饰情感。一般认为，他无论在创作上还是在美学上，都以偏重文辞形式著称，然而他对"情""文"关系的这一看法却不太受人重视。事实上，他的形式美意识与其"主情"论思想是互为表里，难解难分的。

如同南朝美学主流所显示的那样，沈约也非常强调文学的抒情品性。他所谓的"情"，大约有三层意思：一是指一种个体自我的、非他者、非史实的"情"，即所谓"直举胸情，非傍诗史"（《答陆厥书》）的"情"；一是直接规定着美的文辞的、通过美的文辞展示出来的"情"，即所谓"文以情变"（《宋书·谢灵运传论》）的"情"；三是这种"情"虽是个体性的、非"诗史"的，却并不与"理"相悖，而是通过"文"的自然有序之结构而"暗与理合"，即所谓"高言妙句，音韵天成，皆暗与理合，匪由思至"（《宋书·谢灵运传论》）的"情"。在沈约看来，"情"的这三层意思实际上完全是一回事。"文"的根柢、本源即在个人的"胸情"；有了"胸情"才会有"文"，"文"就是个体"胸情"的感性呈现；同时唯有本于"胸情"的"文"才会"暗与理合"、规范有序，否则就会变得杂乱无章，正所谓"天机启则律吕自调，六情滞则音律顿舛也"（《答陆厥书》）。沈约对"情"的内涵及其与"文""理"关系的独特把握和描述，说明他的形式美意识不是孤立的、偶然的，而是与他的"主情"论美学观念内在统一的。

沈约的形式美理念主要体现在以"四声八病"说为核心的声律论上。史载沈约曾著《四声谱》，现已不传。可窥见"四声八病"说大致精神的，仅有《宋书·谢灵运传论》《答陆厥书》等几篇文献。我们不妨将其中的关键内容摘引如下：

> 夫五色相宣，八音协畅，由乎玄黄律吕，各适物宜。欲使宫羽相变，低昂互节，若前有浮声，则后须切响。一简之内，音韵尽殊；两句之中，轻重悉异。妙达此旨，始可言文。（《宋书·谢灵运传论》）

> 宫商之声有五，文字之别累万。以累万之繁，配五声之约，高下低昂，非思力所举……若以文章之音韵，同弦管之声曲，则美恶妍蚩，不得顿相乖反。（《答陆厥书》）

这很可能是沈约声律学说中最根本的精神。它的
基本原理就是在差异中求整一，在变动中求和
谐。具体说来，它要求打破诗歌音律的单调之
和与无序之韵，实现音律在有序变化流动中的和
谐之美。一句之内，各句之间，要充分展示其低
昂、轻重、清浊、参差等"殊异"和"变动"，
在整体的调和协畅之中显示出一定的差异性、多
样性，同时这种差异和多样又是前后呼应，不相
乖反的。在他看来，这正是诗歌美的"入神"之
处和"奥秘"所在。前代诗作，"虽知五音之异，
而其中参差变动，所昧实多"(《答陆厥书》)；而
对于诗歌声律，更是"自骚人以来，此秘未睹"
(《宋书·谢灵运传论》)。言外之意，这个秘密终
于让他发现了。

沈约认为，屈原的创作是讲究声韵、节奏
的参差变动的，但此后却没人了解这个声律秘
密了。人们只是强调规整、平衡、同一，因而
诗歌不免"忽有阐缓失调之声"，显得呆板、迟
缓，"虽清辞丽曲，时发乎篇，而芜音累气，固
亦多矣"(《宋书·谢灵运传论》)。这种现象为
什么会产生？沈约认为根源有二，根源之一是

因为片面注重理性规范，而忽视了情感的自由
表达。前面说过，情感的自由表达是"文"得
以形成的前提，情感所借以表现出来的"高言
妙句"是"律吕自调""音韵天成"的。如果
诗歌出现了"芜音累气""阐缓失调"的毛病，
那肯定是由于它"未经用之于怀抱，固无从得
其仿佛矣"（《答陆厥书》）；而文学恰恰是"直
举胸情，非傍诗史"的，只有直抒胸情，不
拘史理，才会使声韵的变化节奏分明，妙趣横
生。根源之二则是受到正统的伦理功用美学束
缚的缘故。沈约指出，声律形式之美在一个只
重功用价值的文化语境中是不会受重视的。"若
斯之妙，而圣人不尚，何耶？此盖曲折声韵之
巧，无当于训义，非圣哲立言之所急也。是以
子云譬之雕虫篆刻，云'壮夫不为'。"（《答陆
厥书》）这段话不仅真切地描述了古代形式美意
识发展的实际情况，而且还包含着一种闪光的
思想，即它尖锐地指出了形式美观念与功利性
语境的矛盾，深刻地触及了这样一个美学真理：
形式美意识的崛起，是审美文化走向自觉和独
立的最醒目的标志。

〔1〕 《汉魏两晋南北朝佛教史》第415页，中华书局，1955年9月版。

〔2〕 何尚之《答宋文帝赞扬佛教事》引述，《弘明集》卷十一。

〔3〕 《中国文学批评史》（一）第122页，上海古籍出版社，1984年版。

〔4〕 《中西诗在情趣上的比较》第40页，《中国比较文学》创刊号。

古今南北的融通综合

公元 502 年，南齐皇室萧顺之的第三子萧衍废齐立梁，从此开始了他在南朝诸帝中在位时间最长的统治。由于他近半个世纪的励精图治，南朝梁代在政治、经济、文化等方面都发生了比宋、齐两代深刻得多的变化，从而成为审美文化发展的又一重要的转型期（当然这一重要转型期的设定也不是绝对的，实际上这一过程至少从南齐即已开始，一般人们将齐梁并称，即为如此。但梁代的转型势态又确实更显著、更深刻一些，所以我们拟从南朝梁说起。在具体的表述上，有时可能会向前延伸至齐代）。北朝与此相对应的时代则大约是北魏太和改制之后。从萧梁时代和北魏后期起，审美文化在继续深化晋宋主流趣味的同时，开始滋生出一种强烈的自我反思、批判和重构的历史需求，酝酿着一种更高层面的折衷、通融与调和的内在趋势。中古时代审美文化至此已进入一种综合期。

南朝梁、陈审美文化大致呈现出这样的复杂"症状"：一方面，魏晋以来缘情主意、尚丽重文的审美新趣尚、新思潮至此已发展到了非常充分和深入的地步，在某些方面甚至已走向极端。梁简文帝萧纲的"文章须放荡"说以及由他领导创作的所谓"宫体"诗堪为典型；另一方面，魏晋以来备受抑制的偏重伦理、主善尚用的儒家美学思想，此时开始趋于复兴，并同缘情主意、尚丽重文的审美新潮形成尖锐对峙之势，其代表人物是梁史学家、文学家裴子野。同时，这两个方面的对立势态，客观上也有力地启动了审美文化的内在调节机制，使其各种矛盾因素，特别是先秦两汉的审美传统（"古"）与魏晋以来的审美新潮（"今"）两大矛盾因素之间，开始历史地要求着一种新的均衡与糅合，以为审美文化向新的历史层面的运演上升做思想的、理论的准备。这一点尤为突出地体现在刘勰的煌然大著《文心雕龙》之中。

当然，"古"（传统）与"今"（新潮）的矛盾及其综合趋向，不仅突出体现在南朝梁、陈时代，而且也集中体现在南、北两朝之间。我们知道，晋东渡之后，魏晋玄学也随之南下，而北方则仍以儒学为主。大约与梁、陈同时，北朝审美文化开始了同南朝审美文化的交流过程；这一在南、北之间发生的过程。实质上也仍然是古与今两种审美文化趣尚的交融过程，其结果便是南、北双方继西汉以来的又一次历史性汇合之态势。

我们为什么将南朝梁作为这一阶段的起始标志？要回答这个问题，自然应返回到梁代之后的社会文化语境中去。梁代以后深刻促动着审美文化转型的社会语境因素大体有这么几点：

其一，社会主导力量的变化与重组。南朝梁代的社会主导力量发生了重大的变动，这就是出身寒门庶族的新地主、新贵族的兴盛和壮大。他们改变了魏晋以来门阀世族地主的绝对统治地位，改变了"士庶之际，实自天隔"的贵贱森严的等级界限，而成为与门阀大族共享统治权利的社会政治主导力量。我们知道，魏晋，特别是东晋和南朝前期基本是门阀世族的一统天下。虽说自南朝宋起，皇帝都是从庶族地主中产生的，如宋的建立者刘裕、齐的建立者萧道成，都属寒门出身。他们当政的朝代，门阀世族的权力开始受到挫折，而寒门庶族在政治上渐趋活跃，但总的说来，门阀世族仍享有极高的政治社会地位。在这种情势下，指望魏晋以来门阀世族所代表的那种审美趣尚发生大的改变是不现实的。这也是我们将东晋南朝（宋齐）时代作为魏晋以来审美文化新潮之深化阶段的主要依据之一。但到梁就有些不同了。梁武帝将魏晋以来的官品九品改为十八班。此一改制的实质在于，把原来一般情况下最高能升至官品六、七品，门品约为三品的层次稍高的低级士族，吸收到门品二品的高级士族行列中来。原来寒门庶族需要挖空心思加以攀附的高门一流，现在则可以通过制度途径达到了。这意味着梁代从体制上为寒门庶族地主步入社会政治文化中心提供了保证。梁武帝此举，就将南朝宋齐以来寒族地主阶层的不断崛升进一步制度化、固定化了。当然从另一方面说，梁武帝的官制改革，也反映了寒门庶族本身已不再只是长于武职吏事"奔走之劳"的低级阶层了，而是其文化素质、儒学修养、政治经验等已经大大提高了，能为学术、文才俱佳的梁武帝看得上了，可以彼此在一起讨论经学、礼学、文学、佛学一类东西了。从这个意义上讲，寒门庶族地位的提高，也并未真正削弱高门士族，倒是更加肯定了他们的文化"霸权"。这也表现出了梁武帝的高明之处。事实上，他的政治策略最终归于一点，即努力调和门阀大族和寒门庶族之间的利益冲突，通过二者并重的官吏选拔政策，使之共同为皇权政治服务。这一种社会主导力量之间调和势态的形成，便成为梁代的一个突出特点。这个特点对于审美文化的意义就在于，它构成了后者向均衡综合方向转型的历史动力和社会基础。

其二，作为对社会主导力量之变化和重组的一种反映，梁代的整个社会意识形态也发生了相应变化。首先是魏晋以来趋于冷寂的儒学开始走出低谷，成为官方明确提倡的一种哲学。这与寒门庶族地位的上升壮大是一致的，因为正如玄、佛哲学主要是高门士族所标榜的学问一样，儒家经学则主要为"寒门""布衣"所研习和信守，是他们须臾不离的安身立命之术。所以梁武帝在提高了寒门庶族的政治地位的同时，也大大提高了儒家经学的文化地位。天监四年（502）他下诏置五经博士，说：

> 二汉登贤，莫非经术，服膺雅道，名立行成。魏晋浮荡，儒教沦歇，风节罔附，抑此之由。（《全梁文》卷二）

梁武帝在这里如此明确地褒扬儒术，推重儒学，批评"魏晋浮荡，儒教沦歇"的现实，这在整个中古时代都是异乎寻常的。它作为梁代文化的显著特征，标志着思想史上一个新的时代正在到来。

其次，梁武帝标榜儒术，更多的是出于巩固统治的实际政治需要，而并非真想恢复汉代那种繁琐的章句之学和刻板的礼法秩序。所以，他在尊儒的同时，更强调崇佛，讲究儒、道、佛的合一。因为同儒学一样，佛、道之学也是为他的政治利益服务的。虽然说佛、道之学作为出世主义的宗教体系，与儒学作为入世主义的世俗学说，二者有其相互对立冲突的一面（如东晋以来的沙门是否敬王者之争，即为其冲突形式之一），但在维护现有秩序、巩固君主统治方面，二者却又有着异曲同工之妙。这也是东晋以来统治者大兴寺观、倡扬佛道的一大原因。难怪自东晋以来，就不断有人提出儒、道、释合一的思想。到梁武帝，则明确提出了"三教同源"说。不过他这个"三教同源"，是指儒、道皆源于佛释：

> 老子、周公、孔子等虽是如来之弟，而为化既邪，止是世间之善，不能革凡入圣。侯王宗室，宜反伪就真，舍邪入正。（《全梁文》）

儒、道之学主要是治"外"的，其旨归在"世间之善",但却不能使人"革凡入圣",而佛释之学则是治"内"的,是"反伪就真"的,这个"真",大约指的是与"世间之善"相对的性灵之真、人心之真。儒、道为如来之弟这个说法,一方面统一了儒、道、佛,一方面又将佛置于儒、道之上,实际上是将儒、道讲的"世间之善"返归于、筑基于佛学讲的人心之真、性灵之真,将治"外"建立在治"内"的本体基础上。这正是梁武帝特别重视佛教的原因。他大修佛寺,数次舍身,率群臣信佛,使南朝佛教达到空前鼎盛。他这样做的根本目的,是把佛教也作为一种统治手段(而非单纯的学理、学术),想通过治"内"而实现治"外"。所以他的理论表面看来是以佛为本,以儒为末,其实则是通过佛学之体来实现儒学之用,进而以更精巧的方式肯定弘扬了儒学。因此他的以儒归释,又以佛佐儒的哲学,本质上是既将儒学心性化、精神化了,同时又将佛学现实化、世俗化了。这反映了梁代奉行的确是一种旨在折衷通融、均衡综合的主流意识形态。

再次,单就梁代佛学本身来说,似乎也体现了这样一种综合意识。东晋以来的佛学最先是大乘空宗般若学，它的核心义理是"性空"说，不论本体、现象，还是主观、客观，都是"至虚无生"，都是"性空不实"。"空"本身就是精神本体，就是佛性智慧、涅槃实相。但南朝宋齐出现、而到梁代盛极一时的涅槃学，则从谈"空"转到谈"有"，以"有"为理论根基。这一转变，曾与僧肇一起就学于鸠摩罗什门下的竺道生为一关键环节。竺氏认为，般若学以虚空寂灭为精神本体，诸法实相，但这并不是佛教之最终义。佛教之最终义应是达到彻悟人生真相的涅槃之境。般若讲实相，涅槃讲佛性，道理本是一样的，但佛性之义，般若学却未明言。所以般若学主要讲实相之"空"，而未论及佛性之"有"。然而在竺氏看来，肯定佛性之"有"恰是《涅槃》高于《般若》之处。据此，竺氏提出两点主要学说：一是涅槃佛性说；一是顿悟成佛说。所谓涅槃佛性说，即讲众生皆有佛性的学说。竺道生不同意般若学以般若的"空"来否定涅槃的"有"，以"人无我"来否定"佛性我"，认为应当将般若学与涅槃学结合起来，将"性空"与"真有"统一起来。因为佛作为一种普遍绝对、唯一真实的本体，是无时不在，无处不存的。它在万法乃是法性，在众生则是佛性。般若学强调众生"无我"，但涅槃学认为众生的这个"无我"，只是没有"生死我"，而并非没有"佛性我"。竺道生注《维摩经》曰："无我本无死生中我，非不有佛性我也。"本有"佛性我"，所以不是"空"而是"有"。于是他明言："佛性即我。""一切众生，莫不是佛。""一阐提人皆得成佛。"（《妙法莲华经注》）说"众生是佛"，还可以马虎过去，但说"一阐提人皆得成佛"，那似乎就有点离经叛道的意味了。因为"一阐提"是指那种断了善根的人，亦即世人所说的那种作恶多端不可救药的坏人。所以此说一出，群情大哗，都以为道生违经背义，遂将他赶出建康。他便来到苏州虎丘，继续坚持宣讲自己的观点。后证明他的观点是有佛学根据的，遂为世人所悦服。既然众生是佛，所以他又提出"顿悟成佛"说。在他看来，佛性人人皆有，但被世俗的垢障所"迷乖"、所遮蔽。只要"返迷归极"，则可见性成佛。所谓"返迷归极"，也就是拨开世俗"垢障"，直窥本体实相，从而大彻大悟，立地成佛。他这样说道："良由众生，本有佛之见分，但为垢障不现耳。佛为开除，则得成之。"(《注维摩诘经·方便品》)因此他反对"渐悟"说，认为真理本体玄妙整一，不可分割，要么顿悟，要么不悟，中间没有"渐悟"这样的过渡环节；而顿悟就是"以不二之悟，符不分之理"(慧达《肇论疏》选)，因而是体认佛性本体，跃入涅槃境界的唯一正确途径。

可以看出，般若学与涅槃学有同有异。二者本质上都属于精神本体论，都追求的是一种出世主义的理想境界。但二者又各有所侧重。般若学偏于宗教认识论的思辨，涅槃学则偏于宗教实践观的探索。前者面对的是整个对象界，偏于诸法实相的体认和洞照；后者则把目光集中于众生，偏于心性本体的觉悟和返归。前者重在般若智慧的领悟，后者则重在佛性真身的修持。前者玄奥深妙，适于高级士大夫阶层，其学理性、贵族气较浓，后者则通畅显易，更适于广大民间徒众，以信仰性、世俗味见胜。总之，般若学强调的是对"真"(宇宙真如实相)的神秘体认，偏于世界观方面，而涅槃学则讲究的是对"善"(人生理想境界）的瞬间觉悟，偏于目的论方面。从般若学发展到涅槃学，一方面标志着佛学的功能性、世俗性、实践性色彩更浓厚了，而另一方面，从（竺道生所代表的）涅槃学仍坚持"无我"与"有我""性空"与"实有"、般若与涅槃的统一来看，梁代佛学也显露出了通融综合诸派学说的理论趋向。

最后，著名的无神论者范缜的理论也很有时代意义。自佛教兴盛以来，关于"神"的"灭"与"不灭"问题就一直争论不休。"神不灭"大约算得上是主流意见，但也不时有反对者，如南朝宋就有位何承天提出"无神"一说，但终因理论上的缺陷而不占上风，其实根本原因在于那个时代还没提出"无神"的文化需要。然而从齐入梁的范缜，他不但明倡"神灭"之论，而且还在理论上大获全胜。这固然是由于其理论无懈可击，然而更根本的还是其理论适应了时代文化的需求。如前所述，南朝后期，寒门庶族地主不断壮大，至梁，已成为主导性的社会力量。基于"神不灭"论的佛学，在其社会政治功用上，只对当权的统治者有利。对于正在崛起的、渴望重整天下、称霸立业的庶族地主阶层来说，佛学很大程度上却是一种障碍。所以他们迫切需要一种无神论。范缜即出身寒门，是一位代表新兴庶族地主阶层的知识分子和思想家。他早在南齐时，就"盛称无佛"，"不信因果"。当宰相萧子良质问他：你不信因果，那为何有的人富贵，有的人贫贱？他便指着庭院里盛开的花树答道：人生就像树上的花朵一样，随风飘落，有的落在了厅堂上，有的则落在了厕所里，这完全是偶然的，哪里有什么因果报应？这就典型反映了寒门庶族地主要求打破门阀士族的世袭特权，重新分配社会政治权利的强烈愿望。由于意识到因果报应的理论基础是"神不灭论"，范缜便接着写了《神灭论》一文，一时"朝野喧哗"。萧子良纠集多人与范缜论辩，然而驳不倒他。到梁代，梁武帝便亲自撰《敕答臣下神灭论》一文，并发动了精通佛经的士人僧侣等六十余人，一起来再次围攻《神灭论》。因为他们清醒地意识到，"有佛之义既踬，神灭之论自行"；而神灭论自行，则自然会否定统治者的"圣人"形象，"若论无神，亦可无圣"（王靖《答难神灭论》）。范缜则从庶族地主阶层的利益出发，针对"神不灭论"的种种观点一一驳斥，"辩摧众口，日服千人"（《梁书·范缜传》），到最后范缜的论敌们只好感叹自己"情识愚浅，无以折其锐锋"（《弘明集》卷九），梁武帝无奈之下，也只得草草收兵。

那么范缜的《神灭论》到底胜利在哪里？它的基本观点就是"形神相即"，"形质神用"。范缜认为，形和神并不是可以分开独立的两个东西，而是"名殊而体一"的，"形即神，神即形"，二者是有机的整体。所以根本不存在可以脱离"形"而永恒独存的"神"；"神"要以"形"为根本，为基础，"神"的产生和存在，也只是"形"的一种功能或作用，离开了"形"，"神"就无以附丽，二者是同一事物的两方面，既有区别，又是一体。这就有力地廓清了笼罩在"神不灭论"上的思想迷雾，为庶族地主阶层在开拓进取、重整乾坤的政治实践大业吹响了号角，开辟了道路。

从思想文化的角度看，同南朝其他观念形式一样，"神灭论"的胜利一方面标志着魏晋以来那种本"无"尚"虚"、主"空"崇"神"的文化趋势业已开始转型，标志着哲学向现实、存在、实践、世俗的靠拢，另一方面也并不意味着哲学从此便彻底转向了重"形"轻"神"、尚"实"避"虚"之途。实际上，范缜"形神相即"的命题在纠正魏晋以来过于务"虚"崇"神"之文化趣尚的同时，也在一定程度上表露出了将"实"与"虚""形"与"神"等矛盾因素均衡融合起来的理论意向。这与当时整个社会意识形态的基本趋向也是一致的。

总之，从南朝梁开始，一种根基于政治、阶级、哲学、宗教等因素的社会文化语境的转型已经明显启动。那么，毫无疑问，这种以融通、综合为主流的社会语境的转型，自然也要在审美文化的发展轨迹中显射出来。

1

『摇荡性情』
感性生命原欲的审美化

　　南朝审美文化到齐梁之际，特别到梁代明确提出了复兴儒学、走向综合的历史需求，这绝不是偶然的，而是为审美文化内在矛盾因素的充分展开所规定的。那么这种充分展开的标志是什么？最典型、最突出的便是个体之"情"的张扬、生命之"欲"的释放及其对传统之"理"的冲击和挑战。这是一个审美趣味感性化、感性原欲审美化的时代。

我们知道，自魏晋以来，随着旧的伦理价值体系的退居边缘，一种以"自我超越"为内涵的人性自觉出现了，个体、自然、性情、欲望等等一直为伦常理性所看管的东西，开始成为社会意识凝注和追逐的中心。"妇人当以色为主"（荀粲）、"人性以从欲为欢"（嵇康）、"为欲尽一生之欢"（《列子》）等等，便构成一种时代的风尚。重要的是，这种对自然人性、情感原欲等的肯定，固然一定程度上反映了高门大族、统治集团腐朽没落的生活需求和方式，但总体上它跟一般的感性享乐、情欲放纵行为还有所区别，它并不是一种纯自然的生物本能的低级欲求，而是自觉的、有意识的生存价值选择，一种具有特定文化背景和理性内涵的思想观念，甚至它本身就是一种新的哲学，新的意识形态，因而它内在地包含着一种文化批判和重建的历史意义。指出这一点，对理解魏晋以来本乎自然、主乎情欲的文化风尚是不可或缺的。

在开始阶段，这一文化风尚还主要表现为对某种纵情恣欲的现实性"活法"的追求，偏重的是一种具体的生活行为方式的重建，而到东晋和南朝诸代以后，这种感性化的文化倾向便同士族阶层的审美趣味结合起来了，其感性的享乐便同审美的愉悦结合起来了，它不再仅仅局限于某种生活方式，而且很大程度上还成为人们的一种审美活动、审美方式。

《西曲》《吴歌》与"伎乐"之风

整个中古时期的乐舞世界堪称俗乐舞的一统天下。所谓俗乐舞，我们在汉代部分已有论述，它的突出审美特征就是直率奔放地抒情表意，而且大都表现的是男女两性之情意，其本原也大多来自民间乐舞。俗乐舞在西汉获得较大的发展，而晋宋以降，它在承袭汉魏乐舞旧制的基础上，又同南国民歌汇合一处，从而带上了鲜明的江南风情和时代色彩，并随着皇族文人的参与，在内容和情趣上不断达到新的审美境界。

中古时期俗乐舞的总称叫《清商乐》。汉代

张衡在《西京赋》中对女乐演奏《清商乐》的情形即有描述：

> 促中堂之狭坐，羽觞行而无算。秘舞更奏，妙材骋伎，妖蛊艳夫夏姬，美声畅于虞氏。始徐进而赢形，似不任乎罗绮。嚼清商而却转，增婵娟以此豸。

看来汉代已有了"清商"乐舞。薛综注"清商"曰："清商，郑音。郑音即俗乐也。"从张衡文中看，这里的"清商"是一种"俗乐"，而且还不是一般的"俗"，它是那种"秘舞"的"俗"。何谓"秘舞"？顾名思义，大约就是一种秘密演奏的乐舞。既然是秘密演奏，就是不便公开，就有可能会触犯社会禁忌，那么它的内容、形式也就不言而喻了。实际上我们从张衡的描述中，已可约略看出，《清商乐》确实够"俗"的：在男女夹坐、纵饮欢乐的馆堂中，女伎姿态妖冶浮艳，乐曲音调轻靡淫丽，一派"伤风败俗"之气，难怪蔡邕说"清商其词不足采"（《乐府古题要解》卷上引），然而却由此可窥见《清商乐》风貌于一斑。

建安时期，曹氏一门皆好俗乐俗舞。曹操

迷好清商歌舞是有名的。《魏书·武帝纪》注引《曹瞒传》说："太祖（曹操）为人佻易无威重，好音乐，倡优在侧，常以日达旦。"曹丕对"清商"俗乐的喜好，也丝毫不亚于其父。他建魏时，即设立了"清商署"。这是首次为《清商乐》设官方机构。曹芳做皇帝时也是迷恋"清商"俗乐的。《三国志·齐王芳传》注引《魏书》记述说："（帝）每见九亲妇女有美色，或留以付清商。"从这个记载可看出，"清商署"基本是个女乐机构，或者说是个专门蓄养女性乐伎，以为男权社会提供歌舞享乐的机构。

永嘉之乱后，《清商乐》的一部分流入凉州，与《龟兹乐》融合起来，成为著名的《西凉乐》，此为后话。《清商乐》的主要部分则随东晋政权而南渡，同江南的地方民间乐舞《吴歌》《西曲》相结合，形成了所谓南朝的"新声"。在《乐府诗集》里，清商曲辞分为《吴歌》《西曲》《神弦歌》《江南弄》《上云乐》《雅歌》六大类，其中《神弦歌》是巫觋祀神乐曲，《江南弄》是梁武帝改《西曲》而成，《上云乐》是表现神仙事迹的乐曲，《雅歌》则属雅乐舞，而华夏"新声"《清商乐》的主体则是《吴歌》和《西曲》。

《吴歌》和《西曲》是继《诗经》的民间歌舞、汉代《相和大曲》之后，中国古代俗乐舞的又一大发展。《吴歌》流行于长江下游，以当时的首都建业（东晋、南朝时改称建康，今南京）为中心。《乐府诗集》卷四十四说："自永嘉渡江之后，下及梁陈，咸都建业，吴声歌曲起于此也。"《西曲》则流行于长江中游和汉水两岸，以江陵（今湖北江陵县）为中心。《乐府诗集》卷四十七说《西曲》"出于荆（湖北江陵）、郢（湖北武昌）、樊（湖北襄樊）、邓（襄樊略北）之间"。《吴歌》《西曲》流行的年代，大致都是在东晋南朝时期，二者只是有些早晚差别。《宋书·乐志一》说："吴歌杂曲，并出江东，晋、宋以来，稍有增广。"而《西曲》也大多是盛行于南朝宋、齐、梁三代。

本来，自西汉以来，**俗乐舞**（008）就一直受到统治阶级的迷恋和推崇；晋宋之后，随着儒家伦理名教体系的日渐边缘化，以《吴歌》《西曲》为代表的俗乐舞更是登堂入室，成了皇家王

008　南朝乐舞画像砖（河南邓县出土）

族、达官贵人的须臾不离之物，而专用于祭礼仪式的所谓雅乐舞则进一步被"晾"在一边，或者是以俗代雅了，如《拂舞》《鞞舞》《铎舞》《杯盘舞》《巴渝舞》等在汉代都是俗乐舞，此时却被作为"前代正声"而进入庙堂，归于雅乐。这种重俗轻雅、以俗为雅的审美文化趣尚，之所以得以流行，自然与这时期上层社会，特别是皇族帝王异乎寻常的喜爱、激赏和推动分不开。《南齐书》卷四十六说：

> 自宋（孝武帝）大明以来，声伎所向，多郑卫淫俗；雅乐正声，鲜有好者。

　　宋孝武帝时代所向慕的"郑卫淫俗",主要指的是《吴歌》《西曲》。南齐高帝亦"好音乐"。据说他在一次宴会上,要求群臣"各效技艺:褚彦回弹琵琶,王僧虔、柳世隆弹琴,沈文季歌《子夜来》,张敬儿舞"(《南史》卷二十二)。这里的《子夜来》就是一首著名的《吴歌》。至于到梁武帝,虽比前代皇帝聪明了点,表面上勤苦节俭,但骨子里还是掩饰不住对俗乐舞的爱好。他在后宫中就设有《吴歌》和《西曲》女乐各一部。他还亲自创作了许多俗乐曲。上行下效,皇帝们的身体力行,自然对俗乐舞的"普及"起到了推波助澜作用。官宦阶层对俗乐舞的喜好情况完全可以想象,即使民间,也呈现出了俗乐俗舞盛极一时的繁荣局面。如宋文帝时代,"凡百户之乡,有市之邑,歌谣舞蹈,触处成群。"再如齐武帝时代,"都市之盛,士女昌逸,歌舞声节,袨服华装,桃花渌水之间,秋月春风之下,无往非适。"(《南史·循吏列传》)由此记述,也就不难想见《吴歌》和《西曲》在整个南朝城乡流行的繁盛境况。

　　俗乐舞何以在南朝上下会有如此大的魔

力？最根本的一条，就是俗乐舞的抒情性题旨；而且这种抒情性非同一般，是那种强烈的、柔媚的、极具诱惑力的，其中甚至不乏淫放色彩的抒情性。当然，其所抒者更多的还是男女之间的情，这中间自然就缺不了某些性的意味。这一切，均与魏晋以来本于自然、主于性情而轻于伦理的文化趣尚相摩相荡、难分难解，是这一趣尚的必然指归。当然我们今天已看不到当时《吴歌》和《西曲》之载歌载舞的具体表演情景，对它的这一抒情特色，只能主要从其存留的歌辞中约略窥见一二。按《晋书·乐志》的说法："吴歌杂曲……其始皆徒歌，既而被之管弦。"这就是说，"徒歌"是吴歌杂曲的原初形式；而"徒歌"者，虽然大约也是亦歌亦舞的，但这种歌舞形式中的歌辞部分，应当说是更合"清商"俗乐之民间品格和表情特性的，因而也是最本色、最有价值的。

《吴歌》和《西曲》之歌辞，现在看来有两类：一类是民间创作的；一类是包括皇族在内的文人阶层模拟民歌创作的。这两类形式上有同有异，而在审美内涵与情趣上则是两种境界。民间歌辞，抒情热烈而率直，具有情感的冲击力；而文人摹写的民歌，抒情委婉而含蓄，具有清妙的审美韵味。我们不妨分别举例辨析之。

下面是从《吴歌》和《西曲》中随机摘选的民歌：

> 绿揽迮题锦，双裙今复开。已许腰中带，谁共解罗衣？（《子夜歌》）

> 妖冶颜荡骀，景色复多媚。温风入南牖，织妇怀春意。（《子夜四时歌·春歌》）

> 开窗秋月光，灭烛解罗裳。含笑帷幌里，举体兰蕙香。（《子夜四时歌·秋歌》）

> 红蓝与芙蓉，我色与欢敌。莫案石榴花，历乱听侬摘。（《读曲歌》）

这种歌辞在《吴歌》和《西曲》中是广泛存在的。这些民歌表达男女情爱，是不加掩饰的，歌声在"郎""欢"（对方）、"我""侬"（主人公）的深情倾诉中，充溢着对爱情的热切向往和大胆追求，字里行间那种情感的率真、自然、执着、浓烈，当然还有失恋的痛苦与离别的忧伤，都是那样透明如水，热烈似火，甚至如《子夜四时

歌》中有句说的，是"妖冶颜荡骀"，在给人以
情感心理愉悦的同时，也在某种程度上给人以健
康的感官刺激和性的魅惑。这是民歌强大的生命
所在、魅力所在。其实，这种民歌浓郁的抒情色
彩和天然气息，也正是吸引皇家贵族、文人雅士
的地方。他们不仅痴爱这些民歌，而且有些人还
要模拟这些民歌来进行创作。我们可以选梁武帝
为代表，这不仅因为梁武帝雅好文学，而且因为
他摹写过这类歌，并且写的尤其多。比如，在
《子夜歌》42首歌辞中，最后两首据《玉台新咏》
说就是梁武帝拟作的，兹录于下：

> 恃爱如欲进，含羞未肯前。口朱发艳歌，玉指弄娇弦。
>
> 朝日照绮钱，光风动纨素。巧笑倩两犀，美目扬双蛾。

从遣辞用句的方式看，这两首确与《子夜歌》前
四十首明显不同。那种抒情表意的直率、自然没
有了，而一种宫廷味的、矫揉造作的气息则跃然
纸上，诸如"朱口""玉指""两犀""双蛾"之
类词语，在民歌中是难得见到的。说这两首歌是
梁武帝所写，应当是比较合理的。当然从另一角
度看，这种歌辞也有它的审美特点，如表意的委

婉含蓄和语词的骈律技巧等，也不宜统统否定。
据《乐府诗集》载，梁武帝还拟作过《子夜四
时歌》七首，《团扇郎》两首，《杨叛儿》一首，
《襄阳蹋铜蹄》三曲、《上云乐》七曲、《江南弄》
七首。我们再略举几例以作辨析：

> 手中白团扇，净如秋团月。清风任动生，娇声任意
> 发。(《团扇郎》)
>
> 草树非一香，花叶百种色。寄语故情人，知我心相
> 忆。(《襄阳蹋铜蹄》)
>
> 美人绵眇在云堂，雕金镂竹眠玉床，婉爱寥亮绕红
> 梁。绕红梁，流月台，驻狂风，郁徘徊。(《江南弄》)

这里的描写虽有时也显得像民歌一样明白如话，
但细琢磨，便会发现它其实是很有匠心，很讲技
巧的，其譬喻、联想的时空跨度和表情寓意的
深微细致，都与民歌迥然异趣。至于其中不时
出现的文人化、矫饰性辞藻，诸如"娇声""美
人""玉床""婉爱"之类，也非民歌中所能有。
这种描写，情感的冲击力不及民歌，但也有它
独有的抒情方式和耐人咀嚼的审美意味。可以
说，它赋予了感性化、情欲化对象以一种审美的

距离感和朦胧感。它并没有消除那种男女情爱的感性魅力，也许，它的委婉表述反而更强化了这种魅力，使这种魅力更耐得住品味。看来，简单地在民间歌谣与文人创作之间作孰高孰低的价值裁决，从学术上说似乎并不是个好办法，二者实际上各有长短。在审美文化发展的意义上，南朝《清商乐》的流行从开始时以民歌为主，到齐梁时候皇族文人的参与创作，至少说明民歌写作及其抒情方式的一种进步，也反映了审美文化总是由"俗"而"雅"转型发展的一般规律。《清商乐》后被隋文帝称为"华夏正声"，归入了隋朝的《七部乐》《九部乐》就是一个证明。

南朝俗乐舞的独特魅力还在于，它在演唱形式上追求娇媚轻艳、绮丽纤柔的优美风格，一种来自感性体态的赏心悦目之美。《清商乐》本是一种载歌载舞的民间艺术，它边歌唱边舞蹈，辅以乐器伴奏，所以它的魅力不仅在于以情爱为题旨，而且还在于它能直接愉悦人的视听感官，让人看着着迷，听着快乐。中古时期南方俗乐舞类型较多，除了我们前面讲过的《拂舞》《鞞舞》等数种"始皆出自方俗，后寖陈于殿庭"（《乐府诗集》卷五十三）的雅化乐舞外，还有《公莫舞》《白纻舞》《明君舞》《前溪舞》《黟乐》《子夜》《凤将雏》《欢闻变》《团扇郎》《乌夜啼》《莫愁乐》《采桑度》等等，其中较有代表性的俗歌舞便是《白纻舞》。

《白纻舞》（009）是一种以舞服为名的女子抒情舞蹈。《宋书·乐志》说："《白纻舞》，按舞辞有巾袍之言。纻本吴地所出，宜是吴舞也。"《白纻舞》产生于三国吴地，盛行于晋、宋、齐、梁、陈各朝。这个《白纻舞》的具体情况，现在只能靠《乐府诗集》所收录的《白纻舞》歌辞和观舞诗来加以了解。它在主旨意趣上，最初可能与祭仪降神的巫舞有些关系，如晋《白纻舞》歌诗中有"清歌徐舞降祇神，四座欢乐胡可陈"之句。不过该舞后来主要还是表现一种及时行乐的观念，《乐府解题》就说："古词盛称舞者之美，宜及芳时为乐。"所谓及时行乐，无非就是别在乎名教伦理中怎么说，而是重在生命欲求的满足和个人性情的快乐。这样一种题旨，正好应和了本乎自然、主乎性情而疏于伦理的时代审美文化趣尚，所以能够引起观看者、欣赏者的普遍共鸣。

009 《白纻舞》意想图（吴曼英绘）

　　不过《白纻舞》的特色还主要在表演形式
上。该舞在舞蹈服装、形体、动作、姿态等方面
的设计上，可以说极尽了轻盈、娇媚、纤柔、精
妙，甚至妖冶、艳丽之美。就说服装，那是一种
用白纻（用苎麻制成的白布）做成的"丽服"，

上面缀以华丽的美饰。有晋歌曰："质如轻云色如银，爱之遗谁赠佳人。制以为袍余作巾，袍以光躯巾拂尘。"又有鲍照《白纻歌》曰："纤罗雾縠垂羽衣"，"珠屟飒沓纨袖飞"。从这些赞美白纻舞衣的诗中，我们不难想见该舞服装的精美与华丽。不消说，它给人视觉上的美感当是非常强烈的。它在表演动作、形态等方面，则着意于表现其轻柔之美，媚艳之丽。描写其轻柔之美的歌辞很多，如"轻躯徐起何洋洋"，"质如轻云色如银"（晋歌），"仙仙徐动何盈盈"，"体如轻风动流波"（宋刘铄歌），"歌儿流唱声欲清，舞女趁节体自轻"，"妙声屡唱轻体飞，流津染面散芳菲"（梁张率歌）等。"轻柔"作为当时舞蹈艺术的一种审美标准，反映了人们对优美之态、阴柔之趣的特别追求。它要求舞伎不仅体态动作必须"轻柔"，而且整个身材体型都要体现出"轻柔"之美，比如其腰肢就讲究越纤细越好。《梁书》载，有一位善音律的羊侃，养了很多歌女舞伎，其中有舞人张静婉，容色绝世，其身形非常纤细，腰围仅一尺六寸，时人都推崇她能跳"掌上舞"；但有时对"轻柔"之美却不免强调得过

了分。据说晋代石崇做荆州刺史时，为了使他蓄
养的舞伎体态轻盈，便用能沉于水的香末，铺在
"象床"上，让舞伎们从上面走过，而不要留下
脚迹。谁要是不留一点脚迹，就赐珍珠百琲；若
有脚迹，则减少舞伎的饮食，令其体形变得轻盈
（《拾遗记》卷九）。这样来追求舞蹈的轻柔之美，
简直就是对伎人的一种体罚了。不过这倒也说明
了当时人们对优美之舞的一种好尚。

除轻柔之美外，当时描写《白纻舞》之华艳
娇媚的歌辞更趋繁多，且越往后这种描写就越突
出，到梁、陈之际则达到极致，如晋《白纻舞》
歌诗有句曰："双袂齐举鸾凤翔，罗裾飘飖昭仪
光"；宋鲍照的《白纻歌》有句曰："桃含红萼兰
紫牙，朝日灼烁发园花"；宋汤惠休《白纻歌》
曰："徘徊鹤转情艳逸"，"容华艳艳将欲然"；齐
王俭的《白纻辞》曰："情发金石媚笙簧，罗袿
徐转红袖扬"；梁沈约《四时白纻歌》曰："如
娇如怨状不同，含笑流眄满堂中"（《春白纻》）；
"朱光灼烁照佳人，含情送意遥相亲"（《夏白
纻》）；"白露欲凝草已黄，金琯玉柱响洞房"
（《秋白纻》）；"寒闺昼寝罗幌垂，婉容丽色心相

知"(《冬白纻》)。可以看出，晋、宋时候，人们着重描写《白纻舞》的服饰动作之华美艳丽，而至齐梁时候，人们则偏于描写《白纻舞》之舞伎的色相情态了。在沈约的歌辞中，《白纻舞》是无比美妙的，而表演该舞的女伎更为娇媚多情、妖冶动人。他的用辞结语更为讲究了，然而其感性化色彩却也更浓烈了。

"宫体诗"：
一种审美化的情欲话语

将南朝时代的感性化审美文化趣尚推向极致的是梁代出现的"宫体诗"。所谓"宫体诗"，简单说，就是在梁代宫廷盛行的一种诗体。一般认为，它是由梁简文帝萧纲所领导、有宫廷内皇族臣僚倾力追随而创作的一种特殊诗体。《南史·梁简文帝纪》云："（简文帝）雅好赋诗……然帝文伤于轻靡，时号'宫体'。"唐杜确《岑嘉州集序》云："梁简文帝及庾肩吾之属，始为轻浮绮靡之辞，名曰'宫体'。自后沿袭，务为妖艳。"实际上，从晋宋到梁陈，许多诗人的写作是与"宫体诗"的审美取向一路的。其中有代表性的是：晋代陆机，宋代鲍照，齐代王融、谢朓，由齐入梁的沈约，梁代萧纲、萧衍、萧绎、庾肩吾、徐摛、丘迟、吴均、何逊、江淹、王僧孺、何思澄、庾信以及由梁入陈的徐陵。可以看出，尽管"宫体诗"的审美路向自晋开始（更早一些甚至可追溯到魏晋之际的曹丕、曹植、张华等人的诗歌趣味），但其高峰期无疑是在梁代，或者说，到了梁代，魏晋以来那种本乎自然、主乎性情、崇尚绮靡、偏重艳丽的感性化审美趣尚才被推向了极致和顶峰，所以也可以说它是流行于梁代宫廷的一种诗风和诗体。

史书中对"宫体诗"审美特点的描述是"轻靡""妖艳"或"轻浮绮靡"等等，这种描述突出了"宫体诗"所具有的感性化、情欲化、官能化、阴柔化等审美倾向。不过，由于种种可知与不可知的原因，这种审美倾向在历史的解说过程中被过分地渲染和夸大了，"宫体诗"几乎成了色情、淫荡、堕落，以及"亡国之音"（《北史·文苑传序》）的代名词。除了艺术上被认为尚有可取之处外，它给人们的印象，基本就是一些低级的、有害的、散发着腐朽糜烂气息的文字糟粕。

其实，如果我们不局限于一种"经世致用"的伦理功利主义眼光，而是从审美的、艺术的、文化的角度来观察，从中国文人的生存状态及其写作心态来辨析，或者至少撇开历史留下的偏见，真正立足于对这些诗歌本身审美涵义的确切解读，那么就可能会得出与以往不尽相同的看法和结论。我们不妨先弄个明白，"宫体诗"在历史上何以会那样招人嫌恶甚至是仇视？它到底写了些什么？

"宫体诗"的一个最特异的地方，便是专写"闺情"。明代胡应麟说：《玉台》但辑闺房一体。"《玉台》即徐陵主编的《玉台新咏》，是收录"宫体诗"最多最集中的文献。清纪容舒说："按此书之例，非词关闺闼者不收。"所谓"闺房""闺闼"，也就是女人的卧室。同时，在古代男权社会的文化观念中，"闺房""闺闼"也是一种具有性意味的符号，是一种性的象征。专以"闺房""闺闼"为题，自然就是专写男女之情、两性之事。这正是"宫体诗"最为历代所诟骂的焦点所在。因为在正统诗学，特别是儒家诗学观点看来，诗是"言志"的，而这个"志"主要是一种伦理怀抱，是一种情理结合的东西，一种"发乎情，止乎礼义"的价值，所以诗虽是言志抒情的，但这个"志"和"情"却是契合"理"的；而且诗的使命和归宿也是伦理功用的，是旨在"经夫妇，厚人伦，美教化，移风俗"的。然而"宫体诗"却违反了这一诗学原则。它只发乎情，却不止乎礼，因而有悖情理中和的古典原则，有悖伦理功用的诗学目的，当然就是"邪"，就是"淫"，就为男权社会所不容。所以陈玉父在《玉台新咏集·序跋》中说"宫体诗"："顾其发乎情则同，而止乎礼义者盖鲜矣。"止乎礼义者鲜，所以被称作"亡国之音"。然而，历史上也有不从王道伦理的立场，而从诗的审美本性、抒情本性来肯定"宫体诗"的，比如明代袁宏道就称赞此诗"清新俊逸，妩媚艳冶，锦绮交错，角色逼真"，直令他"读复叫，叫复读，何能已已"（《玉台新咏序跋》）。为什么唯独袁宏道会如此说？因为他作为"公安三袁"的首领，标榜的是"独抒性灵"说，呼唤的是具有浪漫主义色彩的情感解放精神，其美学立场是反古典、反正统的，因而能充分认同"宫体诗"的审美题旨。所以，"宫体诗"在历史上备受非议和责难的根源，从美学上讲就是以封建主义为基础的古典主义原则，以及伦理功用主义的美学传统。可见，美学立场不同，对"宫体诗"意义的解读也就不同。

那么，"宫体诗"又是怎样描写"闺情"的呢？

首先应当承认，"宫体诗"在题材内容上专写男女之情、两性之事，不仅闯进了一个为正统诗学所忌讳的领域，而且其遣词造句取景立意也是颇为放肆大胆的。大凡女人情态和性感、男人的性心理和性欲望，甚至同性恋、恋物癖、窥淫癖、裸露癖之类，都或多或少、或隐或现地给予了描述，正如徐陵在《玉台新咏序》中所说：

> 至如东邻巧笑，来侍寝于更衣；西子微矉，得横陈
> 于甲帐。陪游馺娑，骋纤腰于结风；长乐鸳鸯，奏新声
> 于度曲。妆鸣蝉之薄鬓，照堕马之垂鬟。反插金钿，横
> 抽宝树。南都石黛，最发双蛾；北地燕脂，偏开两靥。

仅从这段文字中即可看出，在"宫体诗"的视野中是没有什么两性文化禁忌的，没有什么是不能写的。以梁简文帝萧纲为例，《玉台新咏》收了他109首诗，大多是写倡女舞伎及其体貌姿容情态服饰的，还有的则是写女人卧具睡姿等等，如《倡妇怨情》《美人晨妆》《咏晚闺》《春闺情》《林下妓》《听夜妓》《春夜看妓》《倡楼怨节》《和湘东王名士悦倾城》《咏内人昼眠》《和徐录事见内人作卧具》等等，甚至还有一首描写同性恋的诗《娈童》。仅从这些题目中即不难窥见萧纲所领导的"宫体诗"创作的大致题材和旨趣，就是专写女性之魅力和两性之情欲。

作为男性诗人的写作，"宫体诗"所描画的对象全是女性，所反映的则是男性世界的"情人"范式和审美趣味。那么，宫体诗人笔下的女性是什么样子呢？总体而言，她们不是那种淑女贵妇、贤妻良母的类型，而是才貌俱佳的美女、色艺双全的丽人；而且这些美人的"美"是一种艳美，这些丽人的"丽"是一种妖丽。不用说，有这种"美"、这种"丽"的女子一般是些能歌善舞的倡人乐伎，是能满足男性群体的"情人"梦想和隐秘欲念的女性。萧纲迷恋的就是这种女性，他在诗中赞美她们，"仿佛帘中出，妖丽特非常"（《倡妇怨情》）；"丽姬与妖嫱，共拂可怜妆"（《戏赠丽人》）；"朱帘向暮下，妖姿不可追"（《咏晚闺》）；"戚里多妖丽，重聘蔑燕余"（《咏舞》）；"谁家妖丽邻中止，轻装薄粉光闾里"（《东飞伯劳歌》）等。值得注意的是，这里所反复欣赏的是一种"妖丽"型女性。何谓"妖"？唐玄应《一切经音义》卷一引《三苍》曰："妖，妍也。"《玉篇·女部》曰："妖，媚也。"显然，这个"妖"就是一种艳丽、妩媚的美，用性文化的视角看，也是一种对男人来说颇具性感魅力的美。

然而，这是否意味着"宫体诗"对女性美的描写、对性心理的表抒一定是充满色情和淫秽的？细读这些诗就会发现实际不然。可以说，尽管"宫体诗"在对"妖丽"型女性的梦想中，隐含着男性群体对女性魅力的独特向往和对两性性爱的潜在期冀，而且他们一点也不耻于表露这种向往和期冀，但通观他们的作品，却几乎没有一首诗是赤裸裸地暴露"色情"的，更没有一首诗是真正"淫秽"的。它们对男女之情、两性之事的描写总体上是大胆的，但也是含蓄的、隐喻的，亦即审美化的。这是尤值得注意的一点。就萧纲的诗作来说，作为"宫体诗"的代表，它里面就很少有直接表抒性爱欲望、描写色情场景的具体内容。现在看来，有些性暗示、性隐喻、性意象的描写主要只是表现在个别句子里，诸如"荡子无消息，朱唇徒自香"（《倡妇怨情》），"青骊暮当返，预使罗裾香"（《艳歌曲》），"倡家高树乌欲栖，罗帷翠帐向君低"（《乌栖曲》）等等，皆无非此类。这种所谓的性描写，其实并没有直接的色情渲染，它大体也是含蓄蕴藉、意在言外的。至于人们多有非议的《和徐录事见内人作卧具》一诗，同样也看不到鲜明直露的色情意味或亵狎色彩：

> 密房寒日晚，落照度窗边。红帘遥不隔，轻帷半卷悬。方知纤手制，讵减缝裳妍。龙刀横膝上，画尺堕衣前。熨斗金涂色，簪管白牙缠。衣裁合欢襦，文作鸳鸯连。缝用双针缕，絮是八蚕绵。香和丽邱蜜，麝吐中台烟。已入琉璃帐，兼杂太华毡。具共雕鑪暖，非同团扇捐。更恐从军别，空床徒自怜。

也许这首诗没有多少深远的诗味，也谈不上什么高妙的意境，但似乎也用不着横加指责，决然否定。写一写生活中的各种事物，包括"内人作卧具"之类，又有何不可呢？至于色情一事，在这首诗里是绝对扯不上的。不仅扯不上，而且从末尾的点题可知，这还是一首反对战争的"思妇诗"呢！

其实，在艺术上，"宫体诗"的大部分是写得很好的。它们旨在表达某种情爱意识，或者性爱心理，却表达得很委婉，很含蓄，也很有些情趣意味，是真正文人化的情爱之作，正如一首诗的题目说的那样，是属于"名士悦倾城"那一种。它们大量地从"乐府""清商"等民歌中吸取营养，特别模拟了江南民歌中的言情题旨，学习了其直面男女性爱的真率态度，同时又加以文人化的润饰、扩展和改造，使之更具有了言近旨远耐人品鉴的审美韵味。有些诗甚至将民歌情趣和文人情调融合得非常精妙而自然，可以说极大地推动了中国古典诗歌走向圆熟化审美境界的历史进程。兹举梁简文帝诗两首如下：

殿上图神女，宫里出佳人。可怜俱是画，谁能辨伪真？分明净眉眼，一种细腰身。所可持为异，长有好精神。(《咏美人观画》)

春还春节美，春日春风过。春心日日异，春情处处多。处处春芳动，日日春禽变。春意春已繁，春人春不见。不见怀春人，徒望春光新。春愁春自结，春结谁能申。欲道春园趣，复忆春时人。春人竟何在？空爽上春期。独念春花落，还似昔春时。(《春日》)

这两首诗都有民歌的明白爽朗之风，但又构思精巧，意趣深妙。前一首将画上的神女与观画的美人写得浑然如一，难分彼此，但尾句一转，却又点出美人比神女更可爱，因为她是"长有好精神"的活生生的人。后一首则一个"春"字贯穿到底，无一句不见春，从春天、春日、春风、春景、春光、春意写到"怀春人"，然后再写"怀春人"从享春趣、得春情到结春愁、忆春时的情感历程。全篇不直写男女之情，但又无处不是男女之情，既明朗如话，又意味深长，真个是"不着一字，尽得风流"。所以说"宫体诗"虽写的是男人眼中的女性，是男女之欲、两性之情，但写得其实并不淫荡和狎亵，也不怎么直露和低俗，而是很文人化、婉丽化、审美化的，在艺术上已达到了很高的境界，实在不可忽略，更不可轻视。

当然，从诗歌艺术的审美特性看，"宫体诗"写欲有余，而表情不足；外在的欣赏有余而内在的体验不足，总之，缺乏深刻的情感内涵和神思韵味，对此也是应该指出的。

2 「唯务折衷」

理论的交锋、冲突与调和

在审美趣味的感性化和感性原欲的审美化方面，在魏晋以来本乎自然、主乎情性之审美文化新潮的发展方面，南朝梁代应当说已达到了一个高峰。然而物极必反，高峰之下必有转折、扬弃和重构。这便是事物发展根本的普遍的辩证法。所以，正是从梁代开始，一种新的审美文化批判、反思与调和的过程便有力地启动了。

**裴子野与萧纲的
尖锐对峙**

魏晋以来审美文化的发展，在很大程度上，是一个儒家美学渐遭疏弃、淡出中心、走向边缘的过程。在齐梁之际感性膨胀的文化语境中，这一过程臻于极端。在此背景下，梁代出了一位挑战者裴子野。他高举着"劝美惩恶"的儒家美学大旗，向魏晋以来偏重"缘情""畅神""人自藻饰"的审美文化主潮发起了坚决而猛烈的攻击，从而在理论上掀起了一场复兴儒家美学的历史运动。

裴子野是梁代史学家、文学家，多著述，有盛名。《梁书·裴子野传》中说："子野为文典而速，不尚丽靡之词，其制作多法古，与今文体异。"可见他在文学创作实践上，就自觉地以厚古薄今、尚质轻文之追求来与当时文风相对抗。这种"孤军奋战"的人格勇气表现在他的美学思想上，则主要是撰写了《雕虫论》一文。"雕虫"一词是东汉扬雄以来，人们对主"情"尚"文"之形式美追求的一种讥称。裴氏以此为题，其美学意向可谓不言自明。

《雕虫论》一文的出发点和立足点是儒学的

"劝美惩恶"说。裴氏针对"天下向风，人自藻饰，雕虫之艺，盛于时矣"的现实，在文中开宗明义地指出："劝美惩恶，王化本焉。"他在这里所讲的"美"其实就是"善"，或者说就是"与善同意"（《说文》）的"美"，而与魏晋以来所追求的"美"不是一回事。恰恰相反，他所强烈反对的正是魏晋以来所讲究的"美"，因为在他看来，这种"美"只是一种"人自藻饰"的"雕虫之艺"。文学创作应当是为王道政治和伦理教化服务的，因而其根本的信条就是"劝美惩恶"。正因如此，裴子野坚定地继承了《毛诗序》中关于"形风""言志"的诗学传统，明确指出："古者四始六艺，总而为诗，既形四方之风，且彰君子之志。"他认为文学既要如实摹写社会的民风政事，又要发表自己的伦理怀抱；既要强调文学的认知功能，又要倡导艺术的实践价值，总之，一切都应合乎"王道之志"。唯有这样，文学才会起到"劝美惩恶"的社会作用。应当说，这一观点是典型的儒家美学的翻版。

正是从伦理功用主义的立场出发，裴氏对晋宋以来的主性情、重藻饰的审美文化趋向给予了尖锐抨击和全面否定，他说：

> 自是闾阎年少，贵游总角，罔不摈落六艺，吟咏情
> 性。学者以博依为急务，谓章句为专鲁。淫文破典，斐
> 尔为功，无被于管弦，非止于礼义。深心主卉木，远致
> 极风云，其兴浮，其志弱。

裴氏的批判矛头主要指向这么几个文学问题，一
是"缘情"倾向。文学上的"缘情"倾向，是现
实中魏晋、特别是宋齐以来世家贵族纵情恣性之
风气的一种反映。对此，裴氏可谓深恶痛绝。他
曾另在《宋略·乐志叙》中说："（南朝宋代）周
道衰微，吕失其序，乱代先之以忿怒，亡国从之
以哀思，优杂子女，荡目淫心。充庭广奏，则以
鱼龙靡慢为瑰玮；会同飨觐，则以吴趋楚舞为
妖妍……王侯将相，歌伎填室；鸿商富贾，舞
女成群，竞相夸大，互有争夺，如恐不及，莫
有禁令。伤风败俗，莫不在此。"（《全梁文》卷
五十三）这里说的虽是宋代，但在梁、陈之际
也有过之而无不及。在裴氏的观念里，这种唯
"荡目淫心"是求的文化习气，作为一种社会现
实语境，直接促成了文学"摈落六艺""伤风败

俗"的缘情倾向的浮升。二是追求丽辞华藻的形式主义好尚。裴氏说，文学的根本用途在于"劝美惩恶"，而"后之作者，（却）思存枝叶，繁华蕴藻，用以自通"，将心思用在"博依"上，而视"章句"为愚鲁之作，将之抛在一边。所谓"博依"，即指繁缛华靡之文，而所谓"章句"则指的是汉代经学，也泛指儒家的伦理之学。这些"思存枝叶"的作者，离开了儒家"劝美惩恶"的"王化"要求，脱离了文学的伦理性功能内容，走到"人自藻饰"的歧途上去了，这不是"雕虫之艺""乱代之征"又是什么呢？三是离开社会人生问题，专在花卉草木、山水风云之间流连徘徊，寄托心灵。这也是裴氏极为不满的事，因为文学的这种"深心主卉木，远致极风云"的作风，无助于伦理教化，是明显的"无被于管弦，无止乎礼义"的，只会走向"其兴浮""其志弱"的歧途。

在萧梁时代那样一种感性化、情欲化、主观化风尚趋于极致的审美文化语境中，裴子野的声音是不合时宜的，因而也就显出了一种非凡的胆识和勇气。从古典审美文化发展的总过程看，他以"孤军奋战"的姿态，独标一度被历史所搁置、所疏弃的伦理功用论美学，也在很大程度上遏制了魏晋以来偏重缘情写意的审美趣尚的片面发展，亦即为其历史地设置了一个对立面、否定面，从而为审美文化向更高阶段的综合上升提供了前提和可能。值得注意的是他明确反对文学的"兴浮"和"志弱"，这意味着文学美学已开始考虑返回现实，已开始呼唤一种刚健壮美的精神。同时，在阶级立场上，他的观念，也反映了正在上升的整个封建地主阶级希求整饬伦理、重建世界的历史欲念和渴望。从这些角度看，裴子野的"出场"是有积极意义的。实际上，他的美学主张也确实有了一定"市场"，比如萧纲就说"时有效……裴鸿胪文者"（《与湘东王书》），从这句话中，可知裴氏（时任鸿胪卿）在当时是有影响的。

但是，历史毕竟不可重复。魏晋以来凡三百余年，随着主体意识的真正觉醒，那种本于自然、主于性情、偏于美文的审美趣尚，已经在中华审美文化土壤中深深地扎下了根。裴氏用重质轻文、主理尚用的传统儒学观点去同这一审美趣尚相对抗，未免显得有些迂腐。实际上，他这种观点一出笼，就立刻遭到了时人的抨击。梁简文帝萧纲就是一个代表。萧纲在《与湘东王书》中，用嘲讽的口吻指出："裴氏乃是良史之才。"即在史学方面算个人才，但在文学创作上却"了无篇什之美"，"质不宜慕"。裴氏的美学倾向一如其文学特点，也是重质轻文，重善轻美的。萧纲对此持决然相反的意见。他认为，"今文"与"古文"在"遣辞用心"上是"了不相似"的。"今文"更强调吟咏个人情性，讲究"篇什之美"，而这正符合"文章且须放荡"的要求。文学有自己的独特性格，它跟一般的经典文章不可混为一谈。裴氏等人"未闻吟咏情性，反拟《内则》之篇"，就是把二者混同起来了。一般经典文章是以"质"为主的，是讲现实功用的；但文学则应像谢灵运的诗一样，"吐言天拔，出于自然"，是以"情"为主、唯"文"是求的，是讲审美价值的。正因如此，对裴子野那些偏重古质的文章当时人们就已"有诋词"，即使那些当初追随他的文风的人"亦颇有惑焉"。在这里，作为皇帝的萧纲对前朝（梁武帝时）重臣裴氏的批评，具有双重意义：一方面，它宣告了魏晋以来缘情写意思潮的不可扭转性，也表明汉代那种独标伦理功用美学的时代已经一去不返了；另一方面，它则以一种旗帜鲜明的理论姿态，典型地显示出了当时两种不同美学观念的尖锐对峙和冲突。

这一对峙态势的显示是有深在意味的。它表明自此开始，审美文化的发展不再是"一边倒"了，它使审美文化的进程呈现出一种对立的、矛盾的复调形态，因而涵蕴着一种强烈的内在张力和动感，一种旨在实现更高平衡与综合的历史冲动与渴望。它的出现，构成了审美文化进一步走向辩证否定与上升的深厚资源和广阔背景。

《文心雕龙》：
"唯务折衷"的美学体系

如果说，萧纲与裴子野的尖锐对峙为审美文化走向更高的综合提供了资源与可能的话，刘勰的《文心雕龙》则以自觉的理论意识和形态努力实践着这一更高的综合。

刘勰，字彦和，东莞莒（今山东莒县）人，世居京口（今江苏镇江）。少时家贫。二十几岁时入东林寺（故址在今南京紫金山），依名僧释僧佑而居，协助僧佑整编佛教经典十余年之久。梁初入仕，官至太子萧统的通事舍人。后出家，名慧地。南齐之末，他大约34岁时，写了"体大虑周""笼罩群言"（章学诚）的《文心雕龙》一书。该书虽成于齐末，但其理论倾向似更符合梁代以后的审美文化主流趋势。

他为什么要写此书？或者说，他写这本书的主要意图、想法、旨趣是什么？他在《序志》中对此有所申述。他说，他7岁那年，做了一个梦，"梦彩云若锦，则攀而采之"。他为什么要说这件事呢？原来，彩云在当时人们的心目中，是嘉祥的象征，也是美文的象征。晋宋以来许多文人都写过云之美丽，如陆机有《浮云赋》《白云赋》，成公绥有《云赋》等等。刘勰讲他梦到彩云，实际上意味着他对美的文采的一种肯定和赞赏。我们知道，美的文采，或丽辞华藻，是与"缘情"观念密不可分的。所以，刘勰追求美的文采，也意味着他对魏晋以来的"缘情"思潮的认同。谈了梦见彩云以后，刘勰接着又讲他30岁时，曾梦见自己"执丹漆之礼器，随仲尼而南行。旦而寤，乃怡然而喜，大哉圣人之难见也，乃小子之垂梦欤"。他讲梦见孔子，推崇孔子，意味着他又是服膺儒家美学的。这两个梦的陈述，实际上并不是无关紧要的，而是具有象征意味的。因为可以说，这两个梦分别代表了两种不同的审美思潮，前者代表的是魏晋以来新兴的、主流化的审美趣尚，后者则代表的是魏晋以来颇遭冷落的、边缘化的"正统"审美话语。刘勰讲这两个梦，实际是以此来表示他对这两大不同的审美思潮的一种关注态度，一种企望平衡、折衷、协调、综合二者的意图与旨趣。

刘勰是很不赞成那种片面的、各执一端的审美倾向的。他说："夫篇章杂沓，质文交加，知多偏好，人莫圆该……会己则嗟讽，异我则沮弃，各执一隅之解，欲拟万端之变。所谓'东向而望，不见西墙'也。"（《知音》）显然，刘勰要追求的是一种周备不偏的"圆该"境界，一种打破东、西墙之界限的宏阔视野和综合目标。对此，他有着非常明确的理论自觉，这个自觉就是他在梳理各种各样的审美趣味、观点、学说、思想时所遵循的"唯务折衷"原则：

> 及其品列成文，有同乎旧谈者，非雷同也，势自不可异也；有异乎前论者，非苟异也，理自不可同也。同之与异，不屑古今，擘肌分理，唯务折衷。(《序志》)

这个"不屑古今""唯务折衷"之说，在《文心雕龙》中非同小可，意义重大，应当给以充分注意。它在全书中既是一种基本方法，也是一种主导理念，是刘勰美学思想的核心、关键和灵魂。那么他"唯务折衷"的基本尺度是什么呢？就是"斟酌乎质文之间，櫽括乎雅俗之际"(《通变》)。这就明白地告诉我们，他就是要通过此书来贯彻一种斟酌质文、櫽括雅俗、协调同异、综合古今的美学意图，也就是将秦汉之际重质尚实、重理尚用的审美观念和魏晋以来重文尚虚、重情尚美的审美趣尚协调综合起来的美学精神。

《文心雕龙》的首篇为《原道》，显然，从题目上就知道这是一篇有关"文"的本体论，或者说，是给"文"寻求本体论基础的篇章。刘勰在《序志》中说："盖《文心》之作也，本乎道，师乎圣，体乎经，酌乎纬，变乎骚。"并把这称作"文之枢纽"。但实际上，这个"文之枢纽"的最根本处正是"原乎道"，它是枢纽之枢纽，是我们理解刘勰美学思想的焦点所在。

刘勰在《原道》中说了些什么呢？细究起来比较复杂，不过我们这里只想就其主要的义理内涵作一阐述。刘勰开宗明义地说道：

> 文之为德也大矣，与天地并生者何哉？夫玄黄色杂，方圆体分；日月叠璧，以垂丽天之象；山川焕绮，以铺理地之形；此盖道之文也。……心生而言立，言立而文明，自然之道也。傍及万品，动植皆文：龙凤以藻绘呈瑞，虎豹以炳蔚凝姿；云霞雕色，有逾画工之妙；草木贲华，无待锦匠之奇。夫岂外饰，盖自然耳。……故形立则章成矣，声发则文生矣。夫以无识之物，郁然有彩，有心之器，其无文欤？

我们之所以引了这段较长一些的文字，是因为它写得实在太美了。它不仅是学术的，更是审美的，文学的。它可以说是对"文"的一种热情礼赞，当然也是对"文"的一种绝妙说明。"文"是什么？在刘勰那里，"文"有广、狭二义。广义的"文"，即《情采》篇中所指的三类："一曰形文，五色是也；二曰声文，五音是也；三曰情文，五性是也。"无论是物质的形状、声音，还是人的情感活动，都会呈现出美的外观或形式。狭义的"文"，则指的是文辞。但不管哪种"文"，它们都是由事物内在地呈现出来的、令人赏心悦目的美的文采。这里重要的是，刘勰所充分肯定的"文"，并不是人们常说的那种外加于内容之上的人为之"文"，并不是一种所谓的"外饰"，而是事物本身所自然地、必然地显现出来的一种文采。日月山川、龙凤虎豹、云霞草木等所焕发出的绮丽华蔚之美，都是客观事物本性的一种必然的显现形式，都是一种"道之文"。那么，文章、文学之"文"又是怎样的呢？刘勰也给予了同样的解释，认为心有所动，必有所言；言有所立，必有文明。也就是说，文章、文学之"文"也是自然而然的，它是人的心情的自然显现形式，用刘勰的话说，叫做"雕琢情性，组织辞令"，也体现的是一种"自然之道"。

刘勰在这里便提出了他关于文与道关系的思想。他首先是推崇"文"的,当他说"文之为德也大",是"与天地并生者"时,我们会深切感到他对"文"的推崇是那样的热烈而坚定。但这个"文"并不是别的东西,更不是人为的"外饰",它就是"道"自身的显现,就是"道之文";"道"同样也不是抽象之理,它就显现为感性的、美丽的、让人赏心悦目的"文"。日月叠璧,山川焕绮,无一不是"道"。"道"与"文"名为二,实为一。这个说法,便有力地肯定了"文"的价值,将"文"、也就是"美"的意义提升到了哲学本体的高度。这就比对"文"的一般赞赏态度有着更为坚实的理论基础。从现实的角度看,这无疑也是对魏晋以来重美尚文之审美新潮的一种肯定和支持。指出这一点是重要的,因为有一种很主流的说法,认为刘勰《原道》篇的主旨,是通过明道来批评和纠正当时创作上偏重形式("文")流弊的。这个说法实质是把刘勰的道、文一体观拆解了开来,从而离开了刘勰的原意。其实刘勰的"文"就是从"道"来的,如果说他是在"明道",那么也可以说他同时是在

"明文"。单就题目来说，他一改汉代扬雄以来视美文丽辞为"雕虫"的儒家正统观点，而将之称为"雕龙"，这里面"龙"与"虫"的天壤之别是人所共知、毋庸赘述的。因此，他在文字之间所表现出来的对魏晋以来充分发展了的"文"（美）的激赏与褒扬，是由衷的、深刻的、无与伦比的。若看不到这一点，还不能说已经读懂了刘勰。

但中国文化话语里的"道"又是"不远人"的，是一种涵蕴着人文伦理的"道"。刘勰所谓"道之文"就既有天文，也有人文。刘勰其人也是服膺儒家学说的，因此他谈"道"，自然不会忘记"体道"之人，尤其是"圣人"。他谈"文"，绝不会只讲天文，不讲人文。"文"在他那里，是真的，美的，赏心悦目的，也是善的，有教化功能的。在这个意义上，他更重的是人文。于是在"道"这一自然本体之外，又有了"圣"的伦理人格问题，有了"文""道"与"圣"的关系问题。

在刘勰看来，"观天文以极变，察人文以成化"。也就是说，"文"是圣人掌握世界、教化民俗的某种必不可少的方式和指标。所以结论是，圣人也离不开"文"（辞），而且圣人之"文"（辞）也是"道之文"。"辞之所以能鼓天下者，乃道之文也。"这样，"文""道""圣"之间的关系在刘勰那里便被表述为：

> 道沿圣以垂文，圣因文而明道，旁通而无滞，日用而不匮。

意思是说，自然之道依靠圣人显现在文章中，圣人则通过文章来阐明自然之道，这样就会处处通达而无阻碍，随时运用而不匮乏。显然这是一个非常圆满的境界。它的圆满就体现在"道""圣""文"的和谐如一上。在这里，"道"是"自然之道"，"圣"是功德（社会）之"圣"，"文"是美丽之"文"。三者的和谐统一，一方面表明了刘勰对"文"（雕琢情性，组织辞令）的高度重视，另一方面也给出了一种理论信息，那就是他企望实现真和善、自然与人事、规律与目的、审美与功用等等围绕着"文"的平衡和统一，即企望审美文化中各种矛盾因素、对立关系的相互协调与综合。这实际上便为整部《文心雕龙》的写作设置了基本的理论框架和美学路向。

刘勰极其自觉的美学调和意识，充分体现在他对情与理、心与物、阳刚与阴柔等等文学基本矛盾关系的阐释中。

比如，在文学的情与理关系上，他一方面提倡文学应"宗经""征圣"，认为"诗者，持也，持人情性"（《明诗》）。所谓"持"，即保持、扶持之义。持人情性，即保持人的善性，扶持人的情性，使之不至于走入偏邪。这便是诗的审美本性和意义。在他看来，唯有这样合乎理性的诗（文学），才会起到"正末归本"（《宗经》）、"顺美匡恶"（《明诗》）的伦理功能和教化作用，才是好诗。毫无疑问，这个观点与裴子野的"劝美惩恶"说如出一辙，表明刘勰对儒家诗学传统是持认同态度的。

但另一方面，刘勰毕竟又不是裴子野。他没有完全走向儒家美学那一极，而是还非常强调"自然"，重视魏晋以来偏重缘情写意的审美文化思潮。如前所述，他对魏晋以来的"文"的盛隆是极为赞赏的，这也使他必然推重同时高扬的"情"，因为"文"（美）与"情"在他那里是互为表里、密不可分的，即所谓"圣人之情，见乎文辞矣"（《征圣》），"吐纳英华，莫非情性"（《体性》），"辨丽本于情性"（《情采》）等等。观其全书，提到"情"字的有三十多篇，共一百四十多句，兹摘录较精粹者如下：

> 情者，文之经；辞者，理之纬。（《情采》）
>
> 人禀七情，应物斯感，感物吟志，莫非自然。（《明诗》）
>
> 情以物兴，故义必明雅；物以情观，故词必巧丽。（《诠赋》）
>
> 因情立体，即体成势。（《定势》）
>
> 情以物迁，辞以情发。（《物色》）
>
> 夫缀文者情动而辞发，观文者披文以入情。（《知音》）

在这些有代表性的论述中，"情"均被视为文学的核心要素。文学的感物言情，亦被看做是人性的自然。唯有"情"可以使文学成为文学，作者和读者的联结点也在"情"上，作者是通过"辞"来言情，读者则是通过"文"来入情。总之，没有"情"，就没有文学；而有了"情"，文学就不但变得美了，而且有"味"了。刘勰借用《淮南子·缪称训》中"男子树兰，美而不芳"这句话，指出之所以"男子树兰而不芳"，是因为"无其情也"。这个"芳"，就是文学的一种"味"（韵味、意味、滋味、趣味等）。有了"情"，文学就变得"芳"，变得有"味"；相反，如果"繁采寡情"，则会"味之必厌"（《情采》）。这种对文学之"味"的强调，应视为古典审美文化的一个重要发展。显而易见，同折衷综合的总体构想相一致，在情与理关系上，刘勰的理想即为一种"情理同致"（《明诗》）的和谐圆融之境界。

又比如，在文学的心物（意象）关系上，刘勰也追求矛盾双方的均衡与协调。一方面，他强调"应物斯感"（《明诗》）、"情以物迁"（《物色》）的物本论，认为客观外物是艺术表达主观心情的客观根据，心情的变化是物景变化的一种对应和折射。所以，"情以物兴，故义必明雅"（《诠赋》），只要情意内容是因外物的感应而发，就会显得明朗而真实，而不会失之于空洞和抽象。另一方面，他又讲究"物以情观"（《诠赋》)、"婉转附物"(《明诗》)、"神与神游"(《神思》)的主情（心）观，认为"物有恒姿，而思无定检，或率尔造极，或精思愈疏"(《物色》)。景物是一定的，然而人的心思却是变化无穷、能动自由的，所以描写景物时，即使面对同一对象，每个人所写出的形态意味也会千姿百态，各有不同。这就体现了一个道理：离开了人的心理体验，"物"就是死的，就没有审美的蕴涵和意味。因此，刘勰对那种"窥情风景之上，钻研草木之中"的"文贵形似"的倾向就很是不满，认为这样反而会更远离景物之美。在刘勰心目中，理想的心、物关系应该是"写气图貌，既随物以宛转；属采附声，亦与心而徘徊"，应该是"目既往还，心亦吐纳"，"情往似赠，兴来如答"(《物色》)，应该是"神用象通，情变所孕；物以貌求，心以理应"(《神思》)总之心与物、意与象是相互包含，和谐融会的。只有这种人与自然、心与物或意与象的彼赠此答，和谐交融，才会使艺术具有"味飘飘而轻举，情晔晔而更新"的蕴涵意味，才会达到"物色尽而情有余"(《物色》)的审美境界。

再比如，在阳刚与阴柔的关系上，刘勰也表达出了一种折衷调和意识。从理论上说，阳刚与阴柔是古典审美文化的一对基本范畴，是古典文艺理想的集中显现形态。所以，是崇尚阳刚，还是推重阴柔，直接体现着对审美文化之新旧理念、古今趣尚的某种立场和态度。一方面，刘勰的基本态度是倾向于阳刚理想、壮美形态的，这主要体现在他的《风骨》篇里。在这里，他在卫夫人"骨力"说的基础上，提出了著名的"风骨"概念。关于"风骨"的意思，说法很多，我们无意于在此一一分辨，只想扼要指出，若将这一概念分解开来（"风"与"骨"实为两个不同的词）看，所谓"风"，大约是一个与情志体验和感动相联系的审美功能范畴，一个偏于情感教化的诗学概念，正如刘勰所说："诗总六义，风冠其首，斯乃化感之本源，志气之符契也。是以怊怅述情，必始乎风"，"情之含风，犹形之包气"，"深乎风者，述情必显"等等，从这些话可以看出，"风"既与"情""志"有关，又与"化感"即伦理教化作用相连。这与《毛诗序》中所谓"风以动之，教以化之"说是一致的。也许

"风"就暗喻一种对人的感动教化像风一样迅疾蔓延之状。所谓"骨"，刘勰说：

> 沉吟铺辞，莫先于骨。故辞之待骨，如体之树骸。
>
> 若丰藻克赡，风骨不飞，则振采失鲜，负声无力。
>
> 结言端直，则文骨成焉。……故练于骨者，析辞必精。
>
> 捶字坚而难移，结响凝而不滞，此风骨之力也。若瘠义肥辞，繁杂失统，则无骨之征也。

显然，"骨"有这样的含意：一是与"结言""铺辞"等语言表现形式直接相关；二是指符合某种规范、结构的语言形式；三具体说，这种语言规范和结构被规定为：精炼而不芜杂，端正而不靡散，坚实而不浮滞，从而最终符合"风"的内涵、"风"的功能。这样说来，"骨"就是一种使情感内容合乎理性规范的表现方式，其审美特点是端正、坚实、凝练、有序。那么，"风"与"骨"结合起来看，就指的是作者在表抒情志体验时，应当达到的一种审美标准。这个审美标准既是符合社会伦理的、情感教化的，又是符合自然物理的、结构规范的，达到前者即为"风"，达到后者即为"骨"。刘勰认为，有了"风骨"，文章也就有了"力"。他之所以又常讲"风力""骨峻""风骨之力"等语，原因皆在于此。那么，"风骨"便是文章（文学）为追求情理教化而整体地表现出来的一种阳刚之气、劲健之美。它可以说是刘勰所特别重视的文学美理想。但另一方面，刘勰毕竟处在一个阴柔之韵、优美之趣已大大发展了的时代，而且如前所述，人们对阴柔美的喜好往往与缘情写意的审美趣尚密切相关，就如同阳刚气象往往同伦理怀抱的张扬息息相通一样。刘勰是崇尚这种缘情写意趣尚的，所以，他在推重阳刚之美的同时，自然也不反对阴柔之趣，而是主张二者的相和并济。他认为，文学是"因情立体"的，而人"才有庸俊，气有刚柔"，所以文学自然也就有"风趣刚柔"之别（《体性》）。对此，他的主张是"刚柔虽殊，必随时而适应"（《定势》），也就是不要厚此薄彼，应顺应这种或刚或柔的情势。当然最好不要刻意地追求刚或柔，而应"条畅以任气，优柔以怿怀"（《书记》），即自然任气，自由抒怀，能刚则刚，能柔则柔。显然这是一种理性的、宽容的、也是调和的精神。具体到一部作品，他提出的标准是"义直而文婉，体旧而趣新"(《哀吊》)，"精理为文，秀气成采"(《征圣》)，"丽辞雅义，符采相胜"，"物以情观，故辞必巧丽"(《诠赋》)等等，即文章的情理内容应是正直的，明雅的，偏于壮美的；而其文辞形式则应是柔婉的、巧丽的，亦即优美的。所以刘勰在以阳刚为主的基础上，也充分肯定了阴柔之美的价值，"文之任势，势有刚柔，不必壮言慷慨，乃称势也"(《定势》)。这可以看做他的一个总结，即壮美和优美应相和并济，"自然"共存。

显然，刘勰在《文心雕龙》中想构建一个平衡文质、调和雅俗、统一内外、综合古今的折衷主义美学体系。应当说，他的目的基本上算是达到了。从大的方面看，他确实在相互矛盾对峙的审美要素之间，搭筑了一条可以彼此妥协调和的通道，使得秦汉时期以客观、形象、伦理、事功为主导的审美文化，与魏晋以来以主体、情意、心理、美文为本位的审美文化之间的历史性摩擦和冲突，得到了缓解和协调。这是刘勰美学的一个最大功劳。这也使《文心雕龙》成为继先秦

《乐记》之后，又一部古典审美文化理想最系统、最周备的阐发者和体现者。如果把南朝梁之后称为中古审美文化的综合期的话，它就是这一时期最重要的代表。

但是，从前面的分析中我们可以看出，《文心雕龙》作为一个美学体系又是不太严谨整一的，在它综合性的构架下面，明显暴露出前后摇摆、左右动荡的理论状态。比如，魏晋以来审美文化的鲜明特征是，在审美趣尚上主情尚意、重神尚文，在审美形态上则以阴柔之韵、优美之趣为主流。我们不止一次论述过，这两方面是有内在必然联系的。刘勰对主情尚意、重神尚文的审美趣尚，可以说是极尽推崇充分肯定。但他对与这一审美趣尚内在相关的优美形态的态度却要差得多。他更崇尚的是所谓"骨力劲健"的壮美之风。这种壮美之风虽不完全等同于秦汉的大美气象，但显然也不是魏晋以来审美文化的主流形态。这里便有了某种内在的龃龉和矛盾。另外在心理与伦理、审美与功利、心神与物象等等关系上，他也表现出一定的犹疑不定、彷徨徘徊。这种总体上追求均衡综合，而内部却又摇摆矛盾的理论形态，说明了刘勰美学的过渡性特征，说明了他离古代审美文化真正的高峰期，即唐代那种古与今、文与质、雅与俗、刚与柔等各种审美矛盾因素全面综合的圆融成熟形态，还有一段历史距离。这其实正是刘勰美学所无法超越的理论囿限。

钟嵘独标"滋味"的诗歌美学

南朝梁代，是古典审美文化向更高的综合阶段和圆熟形态上升、转换的重要时代。在这一时代中，如果说刘勰是在广义的"文"（文章、文学）的领域里一般性地阐述了综合性审美理念的话，那么，在个别具体的部门美学领域里，其他美学家们也表现出了与刘勰相呼应的美学综合意识。钟嵘便是其中的代表之一。

　　钟嵘与刘勰是同时代人，但比刘勰活动的时间要晚。他在历史上的突出贡献便是撰写了著名的《诗品》。从较为严格的意义讲，《诗品》

是古代第一部真正的诗歌美学著作。它以诗歌
为独立的思考对象，对诗的审美特征、功能、
品格、形态等等，进行了深入的探索，提出了
较为严整的美学思想，标志着中国古代诗歌美
学的真正诞生。

钟嵘在诗歌美学上的突出贡献便是提出了
"滋味"范畴。"滋味"本属于生理学中的味觉概
念，但古代中国人常常用它来形容审美活动。早
在先秦，就有"先王之济五味，和五声，以平其
心，成其政也"（《左传·昭公二十年》），"声一
无听，物一无文，味一无果，物一不讲"（《国
语·郑语》）等说法，将"味"同审美的种种体
验联系在一起。虽然还不能断定此时的"味"本
身已经是一个审美范畴了，但却跟审美活动从此
结下不解之缘。日本美学家笠原仲二在《中国人
的美意识》一书[1]中，指出中国人原初的美意
识就起源于味觉，是从味觉扩展到视、听、嗅、
触等感觉，然后又从"五觉"扩展到精神性的
"心觉"，云云。此意见有一定道理。当然，在先
秦两汉时期，"味"这一范畴还带有较多的生理
学意味。魏晋以降，先是玄学讲究以"无味"为

"至味"。"无味"不是真的寡淡乏味，而是"五味"的和谐统一，所以又叫做"至味"。玄学用这种"至味"说来表述一种人格美理想。晋宋之后，"味"作为审美价值范畴从人格美领域逐渐转移到艺术美领域中，成为认识、鉴赏、判断、批评艺术的审美意蕴的一个重要概念。宗炳的"澄怀味象"说，刘勰对文学之"味"的讲究等，都是这一转移的标志。

但将"滋味"明确提升为一种具有普遍意义的美学范畴，应当说是从钟嵘开始的。钟嵘的"滋味"说是在比较四言诗、骚体诗和五言诗时提出来的，他在《诗品序》中说：

> 夫四言，文约意广，取效《风》《骚》，便可多得，每苦文繁而意少，故世罕习焉。五言居文词之要，是众作之有滋味者也。

为什么钟嵘独推五言诗为"有滋味者"？在他看来，四言诗"文约意广"，即文辞简省，形式拘谨，与广阔的心意内容构成矛盾。骚体诗则"文繁意少"，即文辞繁芜，形式滋漫，而心意的内容却微薄稀少。前者是简约的形式限制了内容，后者则是繁富的形式遮蔽了内容。二者其实都使主体情感世界的丰富性得不到充分、自由的表现，因而就没有什么值得咀嚼的"滋味"。五言诗就不同了。它是真正的"有滋味者"。因为它在"指事造形，穷情写物"方面，"最为详切"。详，指描写的细致；切，指表达的深切。钟嵘的意思是说，五言诗大大扩展了语言表现的功能和抒情写物的"时空"。它能最充分、最真切地传达主体的内在情感和无限意趣，也能最细致、最逼真地描绘客观的外在事物和感性景象，从而使主观与客观、内心与外物、摹形与写意、再现与表现达到最完美的均衡与和谐，使诗的审美内蕴难以穷尽，趋于无限，达到只可意会不可言传之妙境，所以"是众作之有滋味者也"。

由此不难看出，钟嵘的"滋味"说的提出，实在是一种时代性的美学综合意识在诗学中的体现。它反对的是"过犹不及"、偏执一端，而要求的则是文与意的均衡、内与外的协调、情与理的折衷、心与物的综合。达到了这一步，诗歌就会产生在有限中趋于无限的审美"滋味"，就是上品之作。

从"滋味"说所蕴涵的美学义理出发，钟嵘对传统的赋、比、兴"三义"进行了重新解说和重大改造。我们知道，《毛诗序》提出诗之"六义"说，其排列顺序是：风、赋、比、兴、雅、颂。郑玄注赋、比、兴"三义"说："赋之言铺，直铺陈今之政教善恶。""比，见今之失，不敢斥言，取比类以言之；兴，见今之美，嫌于媚谀，取善事以喻劝之。"（《周礼·春官·大师》）显然，这是一种典型的伦理功用论的解释。在这里，"三义"成了"劝善惩恶"的一种工具，而其审美性质却消失了。刘勰在《文心雕龙》中对"三义"的解说则是："赋者，铺也。铺采摛文，体物写志也。"（《诠赋》）"比者，附也；兴者，起也。附理者切类以指事；起情者依微以拟议。"（《比兴》）刘勰的说法比郑玄前进了一大步，主要是大大淡化了其伦理功用色彩（尽管这种淡化并不很彻底，如以"依微以拟议"解"兴"，仍不脱经学"微言大义"的旧痕），开始强调其艺术品格和审美特点。

钟嵘在刘勰的基础上，对诗之"三义"进行了重新阐释和重大改造。首先是改变了"三义"的排列顺序，把原来居于首位的"赋"置于最后，而将"兴"列为最先，成为"兴、比、赋"；其次更为重要的是，他赋予"三义"，特别是其中的"兴"以新的内涵。他在《诗品序》中说：

> 诗有三义焉：一曰兴，二曰比，三曰赋。文已尽而意有余，兴也；因物喻志，比也；直书其事，寓言写物，赋也。

这里，钟嵘把"比"同"喻志"，"赋"同"写物"联系起来，这与刘勰已有所不同，更突出了其艺术性能，因而更接近"比""赋"的本义；而对"兴"解释，则可以说独出机杼，与前人是大异其趣的。他不仅最重视"兴"，而且把它深刻地理解为一种既寓于有限的感性形式，又超越形式的感性有限性，从而具有不可穷尽的无限"滋味"的美学范畴。无疑，他对"兴"的解释，与南朝的畅神写意美学思潮有更切近的关系。当然，"兴"在钟嵘那里尽管最受推重，却并不意味着他只重"兴"之一义。他要求的其实是"三义"的综合统一：

> 宏斯三义，酌而用之，干之以风力，润之以丹彩，
> 使味之者无极，闻之者动心，是诗之至也。若专用比
> 兴，患在意深，意深则词踬。若但用赋体，患在意浮，
> 意浮则文散。（《诗品序》）

这个"宏斯三义，酌而用之"，就是将"兴"的写意、"比"的"喻志""赋"的"写物"综合统一起来，具体地说，也就是将抒情与体物、象形与畅神、主观与客观、写实与写意等均衡统一起来。如果在这些矛盾因素之间出现了偏颇和失衡，或专用"赋体"，即只讲体物写实，就会淡化了"意"；若专用比兴，即只讲抒情写意，则会使"词"的运用不太顺畅。所以，钟嵘讲究的还是一种平衡原则和综合目标。他认为，唯有这种平衡与综合，诗歌才会具有"滋味"，具有"味之者无极，闻之者动心"的巨大艺术魅力。

钟嵘以其对诗歌艺术的独特理解，构建了自己以"滋味"说为核心的诗歌美学话语体系。这个体系的总精神呼应着时代的审美文化主流，旨在追求一种均衡与综合，因而与刘勰的基本审美意向是互通相契的。所不同的是，刘勰的美学体

系尚表现出一定的矛盾性、摇摆性，而钟嵘的平衡和谐意识则是明确的、一以贯之的。前者的视野宏阔而圆周，后者的思致则具体而精妙。难怪章学诚说："《文心》体大而虑周，《诗品》思深而意远。"（《文史通义·诗话》）就是说，《文心雕龙》以庞大、周到、全面取胜，而《诗品》则以深刻、严谨、精微见长。

书画美学的和谐意识　古典审美文化从南朝梁开始的向均衡综合形态的上升，表现在具体的部门美学中，除了钟嵘的诗歌美学外，主要还有陶弘景、萧衍的书法美学和姚最的绘画美学。

书法美学　前面我们讲过，书法美学到南齐王僧虔发生了某些变化，即开始强调"骨丰肉润"的和谐之美，表现出一种调和"骨力"之壮美与"媚趣"之优美的发展趋势。不过总的来说，其崇尚阴柔偏重优美的主流倾向依然没有大的改变。然而到了梁代，情况便有了明显的转换。

首先要提到的是陶弘景。他是齐、梁时期的道教思想家，医学家，也是位书法家，是一个很有学问、很有情调的人。梁武帝萧衍很器重他，常向他请教一些朝廷的事，时人谓之"山中宰相"。他精通书法，宗师"钟王"，尤工草隶、行书。据说南朝著名的摩崖刻石《**瘗鹤铭**》（彩图9）就是他的作品。他在书法美学上，也有自己独到的理念，其基本倾向大约跟其作品的审美风格差不多，也是求折衷、讲综合的。

陶弘景在书法美学上的一个鲜明态度，就是对当时书界普遍摹拟王献之（子敬）的风气极为不满。他在《与梁武帝论书启》中指出，"比世皆尚子敬书"，使"海内外非惟不复知有元常，于逸少亦然"。一般说来，钟繇（元常）的字肥而有骨，王献之（子敬）的字瘦而多媚，王羲之（逸少）的字则肥瘦适中，骨肉相间，堪称书法和谐之美的典范。但齐梁之际崇尚柔媚的文化趣尚，竟使王献之的字体一时成为楷模。陶弘景强烈要求改变这一书法风尚。他主张应恢复古典和谐美的书风，不仅允许各种字体自然发展，而且尤推重王羲之的书法，他说：

> 一言以蔽，便书情顿极，使元常老骨，更蒙荣造，字敬懦肌，不沉泉夜。逸少得进退其间，则玉科显然可观。若非圣证品析，恐爱附近习之风永遂沦迷矣。

这些话虽是在奉承梁武帝的功劳，但也反映了陶弘景本人的书法美理想，那就是进一步发扬元常的骨力，同时也不否定子敬的"懦肌"（或柔媚），当然最好是将二者统一起来，像王羲之那样"得进退其间"，实现一种真正的和谐。

这种非常自觉的和谐美追求，在梁武帝萧衍那儿则得到进一步强化。萧衍作为皇帝，很有些建树。他不仅建立了梁朝，而且长于文学、精于音律，并善书法。他最好写草书，只是不太出色。然而他的书论却不错，有著作《观钟繇书法十二意》《草书状》和《答陶隐居论书》等，观点也很有时代的代表性。他对书法美有一种很自觉的意识，那就是讲折衷之趣、和谐之美。他在《观钟繇书法十二意》中，说"元常谓之古肥，子敬谓之今瘦。今古既殊，肥瘦颇反"，指出了

书法艺术当时出现的一肥一瘦、一刚一柔的分殊
和对立。对这种书法趣尚的对峙情况该如何看？
他在《答陶隐居论书》中是这样说的：

> 拘则乏势，放又少则；纯骨无媚，纯肉无力；少墨
> 浮涩，多墨笨钝，比并皆然。任意所之，自然之理也。
> 若抑扬得所，趣舍无违；值笔连断，触势峰郁；扬波折
> 节，中规合矩；分间下注，浓纤有方；肥瘦相和，骨力
> 相称。

他认为，在拘与放、抑与扬、连与断、骨与肉、
浓与纤、肥与瘦等书法艺术的对立因素之间，扬
此抑彼，偏执一方，只会导致或无媚、或无力，
或浮涩、或笨钝的歧途，因而是不妥的，是违
背书法和谐美原则的。他极力主张的是"任意所
之"的"自然之理"，这个"自然之理"其实也
就是和谐美原则，即他讲的"抑扬得所，趣舍无
违"，"扬波折节，中规合矩"，"分间下注，浓纤
有方"，"肥瘦相和，骨力相称"等等。这里每句
话所贯穿的折衷意识、中和精神，都是非常醒目
而突出的。所以我们说萧衍的书法美学很有时代
的代表性。值得注意的是，他把这种和谐（折

衷、中和）看成是"任意所之"的产物，看成是"自然之理"，此一观念，与刘勰崇尚"自然之道"的理论不谋而合。这显然不是偶然的，它反映了这一阶段审美文化在书法领域里，坚守自然本体论基础，反对偏颇、追求协调、讲究均衡、走向综合的必然发展趋势。

绘画美学 梁代也是绘画的一个转折期。一方面，谢赫所代表的宫廷绘画在达到高峰后转入衰落，另一方面，一种称得上唐代人物画的端倪开始出现了。这主要以张僧繇为典型，其画"天女、宫女"倾向于"面短而艳"（米芾《画史》）的造型，从而背离了晋宋以来的"秀骨清相"范式，而与唐画人物接近了。

在绘画美学上，与这一转折相呼应的代表性著作是姚最的《续画品》。姚最其人的生平，历史上没有记载，据一些间接材料推断，大约活动在梁、陈之际。《续画品》显然是续谢赫《画品》而来，思想上与谢赫有些联系，但也有不同。姚最对绘画的理解主要有两点值得注意。

一是提出了"虽质沿古意，而文变今情"的思想。"质沿古意"，也就是在内容上沿袭古代的题意，具体说，就是沿袭"尽善尽美"的伦理美学传统。他认为，绘画的功能之一就是"传千祀于毫翰"，因此应"九楼之上，备表仙灵；四门之墉，广图贤圣"。这样做，就是把绘画作为礼教手段之一，通过对圣王功德、贤人事业的图写，达到劝谕教化的作用。显然，这个所谓的"古意"，主要是汉代绘画的传统。它的审美特点，在姚最心目中是雅正而壮美的，所以它便成为一种批评标准。姚最以此来批评谢赫的画"笔路纤弱，不副壮雅之怀"，即过于追求纤微柔媚的心理情趣，使作品失去伦理的雅正之道和德性的阳刚之美。但姚最并不特别强调"质沿古意"这一点。他更重视的似乎是"文变今情"这一面。所谓"今情"，也就是魏晋以来弘扬光大的重情尚意、重神尚韵的绘画趣尚。所以他赞成萧贲的绘画"含毫命素，动必依真"，也就是画起画来，顺其自然，任意所之，按着自己的真情实感去创作，而不是刻意模拟，"俄成古拙"。他认为，萧贲这样做，是因为他把画画仅仅看做一种自我娱乐，而不是有什么外在的功用目的："学不为人，自娱而已。"这个"自娱而已"与"质

沿古意"的说法是大相径庭的。由此他又肯定沈
粲"专工绮罗"的画,说这样的画也"颇有情
趣",还赞赏嵇宝钧等人的人物画"意兼真俗,
赋彩鲜丽,观者悦情"等等。可以看出,姚最对
"俗""鲜丽""绮罗""悦情"等表现着"今情"
的绘画作品,表示了明确的肯定态度。这意味
着,他的"虽质沿古意,而文变今情"说,要求
的正是古意与今情、壮雅与柔媚、教化与自娱的
均衡统一。

二是在对当时画家的批评中,也贯彻着一种
和谐美精神。这就是在对待心与物、形与神、写
实与写意的审美关系上,他一方面强调对客观外
物世界的认识和模拟,要求画家要"学穷性表,
心师造化",做到"立万象于胸怀"。所以他对谢
赫"貌写人物,不俟对看,所须一览,便工操
笔"的笔力功夫,以及"点刷研精,意在切似"
的艺术追求颇为认同,认为"中兴以后,象人莫
及"。他如此看重"象人""切似"的绘画趣尚,
意味着他在一定程度上仍保留着象形论、写实
论的秦汉遗风。但另一方面,他在肯定"象人"
的同时,也更为讲究"特尽神明"。他批评那种

"眼眩素缛，意犹未尽"的过分追求外形繁细的画风，指出谢赫虽然做到了"目想毫发，皆无遗失"，但他在"气韵精灵"方面，却"未穷生动之致"。据说，当时南朝宫廷内部流行的生活方式，是服饰打扮讲究每天花样翻新。于是那些宫廷画师们为了达到"象人"，就拼命地去适应这种"新变"。谢赫就是一个最擅长"新变"的画家。他一味追求"别体细致""皆无遗失"的形象逼似，而忽视了传其"气韵精灵"，因此受到了姚最的批评。有的学者说，姚最的绘画倾向与谢赫基本是一致的，实际上两人的差异远比人们想象得要大。姚最特别推崇，而且更为接近的其实是顾恺之，他说"长康（顾恺之）之美，擅高往策，矫然独步，终始无双"。这个评价之高可以说是无可比拟的。为什么他独重顾恺之？因为顾氏不仅讲形似，而且更讲神似，讲究的是"以形写神"，形神兼备。这本身就体现了一种中和美原则。姚最批评谢赫，推重长康，表明了他企望实现绘画艺术各矛盾因素均衡兼善、折衷并济的综合型、和谐型审美文化理想。

要之，尽管梁、陈之际的文艺创作仍在延续

柔媚流妍、抑理扬情的审美遗尚，但在认识上，在美学的观念上，许多有见识的人已经敏感到了未来审美文化的综合趋势。于是他们站在各个不同的艺术立场上，不约而同地表达了一个大致相同的愿望，那就是折衷、协调、均衡、和谐。具体说，就是人与自然、伦理与心性、缘情与体物、拟形与传神、写实与写意、求善与尚美、阳刚与阴柔等等审美矛盾要素，通过重新调节和建构，使之在更高的文化级次上达到真正的圆融和统一。这既是现实的内在需要，又是历史的浩荡潮流。正是这种走到审美实践之前的美学综合思潮，也同时揭开了南北朝审美文化合拢并流的序幕，为大圆融、大统一的盛唐审美文化的到来充当了理论先锋。

〔1〕　北京大学出版社，1987 年版。

3

「合其两长」

南北审美文化的合流

　　自西晋覆灭、皇室南渡之后，中国出现了南、北两朝。在中国古代，这种历史的、地理的南北分立，往往不仅构成地域政治的对峙，而且也导致了思想观念、文化性格、审美趣味等方面的分野。单就文学趣味而言，就称得上是判若两途。《隋书·文学传序》谈到南北词风时说："江左宫商发越，贵于清绮；河朔词义贞刚，重乎气质。气质则理胜其词，清绮则文过其意；理深者便于时用，文华者宜于咏歌，此其南北词人得失之大较也。"这称得上是对南北两朝审美文化之差异的绝妙概括。又赵翼在《廿二史札记》卷十五中说："六朝人虽以词藻相尚，然北朝治经者尚多。""北朝治经者尚多"这句话，点中了北朝审美文化趣尚的思想根源。它意味着，重伦理、尚形质、讲功用的汉代传统在南朝被突破了，而在北朝却延续了下来。当然魏晋之际的审美意识对北朝也有一定影响。正是在这样的历史背景下，北朝审美文化表现出这样的特征，一方面，它是"理胜其词""便于时用"的，即对艺术伦理内容和教化功用的强调远远超过了其对美的形式的追求；一方面它又是"词义贞刚""重乎气质"的，即在它这里，还可以看出建安以来重人格、重"文气"的审美风尚所留下的文化印迹。但是，当西晋的"缘情"思潮在南方兴盛之际，在北朝却被"治经"的语境窒息了。

不过，北朝这种尊古尚理、轻文重质、扬刚抑柔的审美趣尚，并没有贯彻到底。大约从北魏末至北齐始，随着孝文帝汉化政策的推行和落实，特别是随着南北之间使者往来、人员流动的不断增多，北朝渐次出现了向南朝审美趣尚看齐的倾向。同时，南朝许多人也注意到了北朝艺术的特色。这样一来，南北审美文化之间的相互交流、沟通与融合的情势就形成了。《隋书·文学传序》中说："暨永明、天监之际，太和、天保之间，洛阳、江左，文雅尤胜。"这种南北审美文化共同繁荣的局面，与相互之间的交流融会是分不开的。《隋书·文学传序》对此指出："若能掇彼清音，简兹累句，各去所短，合其两长，则文质彬彬，尽善尽美矣。"这个"合其两长"说似乎表达的只是一种期待，但实际上它并不仅仅是一种期待，而是已经在现实运行着的一种审美文化进程，一种历史的客观趋势了。

"南北称美"的文学形态　　南北审美文化之间的交流与融汇，在文学领域表现得尤为突出。当然，整个北朝时期从事文学活动的人并不算多，而特别出色的就更少了，无法与南朝相比。只是从北魏末至北齐以来，才开始出现了一些比较著名的文人，如史称"北地三才"的温子昇、邢邵、魏收，还有历仕北齐、北周和隋朝的卢思道、薛道衡以及后来由南入北的庾信、王褒等。这些文人之所以成为北朝文人中的佼佼者，就是因为他们是南北审美文化交流融合的产物。

　　一个需要肯定的事实是，北朝文人的创作是在热烈向往并有意模仿南朝文学的情势下进行的。因为无论怎么说，南朝文学在当时来说是创新的、进步的，所以倾慕、追随、模仿南朝文学便成为北朝文人的普遍意向。如北魏名声很大的温子昇，时人称之为"足以陵颜（延之）轹谢（灵运），含任（昉）吐沈（约）"（《北史·温子昇传》）。这话固然是为赞美温子昇而发，然其向南方看齐，以南人作品为诗美标准的事实也是显而易见的。北齐的邢邵、魏收，也是一个追步沈约，一个模仿任昉。《北齐书·魏收传》中说："任（昉）、沈（约）俱有重名，邢（邵）、魏（收）各有所好。"邢邵的诗《思公子》，就很像南朝文人那种从乐府民歌中脱化出来的五言绝句："绮罗日减带，桃李无颜色。思君君未归，归来岂相识。"魏收的诗也多模仿南方风格，其《挟瑟歌》堪为代表："春风宛转入曲房，兼送小苑百花香。白马金鞍去未返，红妆玉箸下成行。"从这些诗里，已几乎看不到北国诗作的豪迈质朴了。

北朝后期，庾信、王褒等人由南朝入驻北周，更进一步成为北人推崇和效法的对象。当时滕王宇文逌为庾信作序，称道他在时人中的地位是："才子词人，莫不师教；王公名贵，尽为虚襟。"这并非夸张，实为真情。我们知道，庾信同其父庾肩吾一样，也是南朝梁宫体诗的重要诗人。他在任萧纲的东宫抄撰学士期间，曾奉和萧纲，写了一些绮艳丽靡的"宫体"作品，与徐陵同为宫廷文学的代表，时称"徐庾体"。兹举其《看妓》一首为例："绿珠歌扇薄，飞燕舞衫长。琴曲随流水，箫声逐凤凰。膺风蝉鬓乱，映日凤钗光。悬知曲不误，无事顾周郎。"此诗婉转细致，艳丽柔媚，声律讲究，对仗工巧，说明庾信的诗歌艺术技巧已相当精熟。也正是在这点上，他赢得了北人的广泛追慕和推崇。

然而，庾信的意义并不限于为北朝带去了一种新异精巧的诗歌艺术手法，一种来自南国的柔媚型审美文化趣味，更重要的是，他还直接带去了南朝文人对于北方文化的关注与兴致，带去了将南北审美文化真正融汇起来的现实契机和可能。其实，在庾信之前，南方文人已对北朝作家的文学活动颇为注意和倍加赞赏了。如《北史·邢邵传》说："于时与梁和，妙简聘使。邵与魏收及从子子明被征入朝。"（可邢邵到头来并没被作为聘使派往南朝）南人曾问宾司："邢子才故应是北间第一才士，何为不作聘使？"这说明邢邵在南方是很有点名气的。又《北史·魏收传》说："（魏）收兼通直散骑常侍，副王昕聘梁。昕风流文辩，收辞藻富逸，梁主及其群臣咸加敬异。"这是说魏收的文才在梁大受欢迎的事情。庾信也是如此，他对北人作品不仅熟悉，而且颇为欣赏。《酉阳杂俎》中就记载了庾信接待东魏使者时说的一番话：

> 我江南才士，今日亦无举世所推。如温子昇独擅邺下，尝见其词笔，亦足称是远名。近得魏收数卷碑，制作富逸，特是高才也。

这些话虽不乏自谦，但对温子昇、魏收的称誉也不能说不是真诚的。当然，北朝这些人的文学创作，多是模仿的南方趣尚，所以说他们完全代表北方文学风格并不切实。但他们又毕竟是北方人，骨子里终究脱不掉北国的气质。因此其模拟南人的作品中仍含有一定的质朴刚健之气。如温子昇的《凉州乐歌》（之一）："远游武威都，遥望姑臧城。车马相交错，歌吹日纵横。"诗中那种北方诗歌特有的苍凉宏阔、沉郁雄健之意味是非常浓厚的。再如魏收的《后园宴乐诗》："束马轻燕外，猎雉陋秦中。朝车转夜毂，仁旗指旦风。式宴临平圃，展卫写屠穹。积崖疑造化，道水逼神功。树静归烟合，帘疏返照通。一逢尧舜日，未假北山丛。"像这类歌舞饮宴之作，一般会写得比较甜腻软媚，但此诗却在摹习南人作品之宛静骈俪的表象下面，蕴涵着一种古战场的苍茫武威气象，亦非一般南国文人所能写出。

所以，庾信称赏温子昇、魏收等北方文人的作品，似乎也不完全是因为这些作品符合了南方的趣味，其中或许就包含着对北人作品特有气概的某种景慕和赞美在内。这一点，从庾信到北方后的写作中大约可以证实。

梁元帝承圣三年（554），庾信奉命出使西魏来到长安。由于梁都江陵被西魏攻陷，庾信也被强留长安，历仕西魏、北周。在这期间，他的写作在内容上不再局限于歌舞绮罗的宫廷生活，而将视野投向广阔的历史和现实，投向动荡离乱的社会生活，并着重表现自己惭仕北朝、怀念故国的身世感慨和内心痛苦，这使其作品逐渐改变了原来绮艳轻靡的文风，而转为一种萧瑟苍凉、深沉悲郁的审美格调。他模拟阮籍所作的《拟咏怀》二十七首，便是这类诗的代表。兹举二首：

> 萧条亭障远，凄惨风尘多。关门临白狄，城影入黄河。秋风别苏武，寒水送荆轲。谁言气盖世，晨起帐中歌。

> 寻思万户侯，中夜忽然愁。琴声遍屋里，书卷满床头。虽言梦蝴蝶，定自非庄周。残月如初月，新秋似旧秋。露泣连珠下，萤飘碎火流。乐天乃知命，何时能不忧。

这两首皆写故国之思，离乡之愁，只是角度有异。前一首采用隐晦手法，化用史实典故，抒写自己羁留难归的悲凉之情。诗中连用李陵、苏武、荆轲、项羽等掌故，真切表述了他屈仕异国、一去不返的无奈处境。后一首则感叹自己虽饱读诗书，满腹经纶，却空怀壮志，无益于国。想学学庄子的潇洒，可又觉得自己并非庄子，于是备感忧愁哀伤。庾信其他诗歌的意旨跟这两首基本上差不多，其所表现的情感大都真切而深沉，悲郁而凝重，具有很强的感染力。在艺术上，庾信的作品也已达很高水平。诸如各种修辞技巧，特别是声律、对偶、用典等手段的运用，皆臻于精熟，初步具有了唐代格律诗的模样。清人刘熙载说："庾子山《燕歌行》开唐初七古，《乌夜啼》开唐七律。其他体为唐五绝、五律、五排所本者，尤不可胜举。"(《艺概·诗概》)

这都说明，庾信的诗歌无论在题旨、意境、格律、形式等方面，都达到了一个新的历史高度。它的突出特色，就是将南诗精巧纯熟的艺术技巧和北国浓郁沉重的乡愁体验密切融汇在了一起，将南朝诗歌的细腻婉丽和北地民歌的朴质刚健完美地结合在了一起。这种融汇和结合，实际上就开创了一种新的诗歌形态，一种新的审美文化范型。从诗学的意义上看，庾信的诗称得上"为梁之冠绝，启唐之先鞭"；而从更深远的视野说，这种综合型的诗体的出现，也为南、北方文学风格和艺术趣尚实现"合其两长"，进而为古代审美文化走向圆融成熟树立了一座里程碑。

"令如帝身"：雕塑艺术的嬗变轨迹

这一阶段，能够集中体现着南北审美文化之合流趋势的，除了文学（特别是诗歌）以外，大概就是雕塑艺术了。

在中国雕塑的发展中，如果说秦汉时代的丧葬雕塑特别发达的话，那么，魏晋南北朝时期的佛教雕塑则可谓兴盛繁荣，佛教雕塑大约占了这一时代雕塑总量的百分之九十以上，其数量之多令人惊叹。

魏晋南北朝时期的佛教雕塑艺术又以北朝石窟艺术为代表。自晋室南渡，南、北分立之后，中国造型艺术也有了南北的差异，南朝多画卷，北朝多石窟。就佛教艺术说，南朝行象多、摩崖多、铜像多，而北朝石窟多、造像碑多、石像多。为什么会出现这种情形呢？一个明显的缘由是，佛教从兴盛那天起，就在南、北之间显出了不同的演变趋向。一般而言，在南方，佛教偏于在理论上发展，因而重佛学义理，重玄谈思辨，重般若智慧，重真如本体的体悟；而在北方，佛教则偏于在实践上发展，因而重宗教行为，重坐禅造像，重信仰修行，重功德佛事的建树。于是，同南方比起来，北朝佛教寺院的建造就无论在数量、规模，还是在成就上，都居于绝对优势。与此相应，石窟雕塑艺术也主要集中在北方广袤的土地上，成为北朝审美文化之灿烂辉煌的历史见证。仅就最著名的说，这一时期，有新疆拜城克孜尔石窟、甘肃敦煌莫高窟、甘肃永靖炳灵寺石窟、甘肃天水麦积山石窟、山西大同云冈石窟、河南洛阳龙门石窟、河南巩县石窟、河北邯郸南北响堂山石窟、山西太原天龙山石窟等。这些石窟，大都在北魏时就已初具规模。可以说，石窟雕塑艺术的故乡在北方。

　　不过，北朝石窟雕塑的发展不是孤立的，而是在逐步为华夏文化所改造和同化的过程中，尤受到南方趣味的不断冲击和影响。这种影响自北魏改制后日趋明显，而到北齐、北周时即已见出南北融合的端倪。所以从这个意义上说，北朝石窟艺术的发展，既是中外文化相交流、相结合的产物，也是南、北审美文化之间相渗透、相融汇的过程。而从文化的深层内涵讲，这一南北之间的互相渗透与融合，也是佛教雕塑艺术逐渐趋于民族化、世俗化的过程。

　　北朝石窟雕塑艺术的发展大致经历了三个阶段。

　　第一阶段是北魏太和改制（约490）之前。这个阶段石窟雕塑的造像特点，基本是汉代雕塑与印度犍陀罗人模样的结合。我们知道，佛教石窟是随着佛教，经由新疆，沿着丝绸之路传入中国、进入内地的。据甘肃敦煌武周圣历之年（698）的《李君修佛龛碑》记载，前秦建元二年（366），乐僔和尚在敦煌开凿洞窟。这是目前所知中国开凿石窟年代最早的记载。而甘肃炳灵寺169石窟北壁上所写"建弘元年（420），岁在玄枵三月廿四日造"（"建弘"是西秦乞伏炽磐年号），则是目前中国已知最早也最明确的石窟内纪年题记。从现存实物遗迹看，大约自东晋十六国开始，佛教造像才真正迎来了兴盛期。

作为一种"舶来品"，石窟雕塑的形象最初带有明显的外来风格，如河北石家庄十六国时期**金铜佛坐像**（010），高肉髻，隆鼻深目，大耳垂

肩，上唇画有胡须，一副西域人模样，为早期典型作品。当然，佛教造像在传入过程中也不完全是照搬异域模式，而是从一开始就融入了本国、本地区，特别是古代龟兹地方民族和中原地区的人像特征。其典型表现是：大都躯体健壮，朴拙敦厚，面相丰满，鼻梁高隆，直通额际，即所谓"通天鼻"者；眉长眼鼓而唇薄，耳翼、耳垂宽大，着袒右肩或通肩大衣，衣褶稠密，薄衣贴体有如"曹衣出水"等等，其形象有明显的"胡相"特征。然而也不完全是"胡相"。比如其脸型体态大都作圆胖状，和悦状，显然保存着汉晋陶俑淳朴天真的神情特色。总起来看，这一阶段的佛教雕像以敦煌某些洞窟和大同云冈的昙曜五窟为代表。这些主佛雕像多是高大硕壮，宽圆雄伟。云冈昙曜五窟的 19 号窟，主佛高 17 米，最矮的 16 号窟的释迦接引佛本尊像也高达 13.5 米，真可谓"雕饰奇伟，冠于一世"（《魏书·释老志》）。正如范文澜所说的，这些"大佛像高大雄伟，显示出举世独尊，无可比拟的气概"[1]。鲁迅先生甚至将"云冈的丈八佛像"与万里长城相提并论，把它们看做是"耸立在风沙中的大建筑"，"坚固而伟大"的艺术。当然，不光形体高大雄伟，这些佛的表情也是端庄而肃穆，和平而威严的，既表明着佛的伟大，又象征着帝王的至尊。从审美形态上看，这些主佛造型的内在精神之力不很显著，往往为外在的壮伟形貌所替代，这显然与汉代偏于感性形象之壮美的理想范式更为接近一些。

第二阶段，是北魏太和改制，特别在其迁都洛阳以后，佛教雕塑艺术普遍向南朝的"秀骨清相"造型靠拢。如前所述，由于玄风的影响，自东晋顾恺之起，南方造型艺术便以"秀骨清相"作为一种主导性的人物美模式。佛像造型自然也不例外。如宋元嘉十四年（437）韩谦造**金铜佛坐像**（彩图 10），可谓"秀骨清相"之典范。大约同时或稍后的北朝，随着汉化程度的不断深入，其佛教雕塑造型也将"秀骨清相"作为流行趣尚。当然向"秀骨清相"的这种靠拢也有一个过程。比如**麦积山石窟第 23 号窟正壁北魏主佛**（彩图 11），其造型在浑厚雄健的基础上，已向比例适中俊秀洒脱风格演变，从而显示出了由异域向本土的过渡痕迹。

佛教雕塑这种本土化的完成，最初即集中表现为向南朝"秀骨清相"之人物美范式看齐，其典型标志是：衣饰上，宽大飘逸的褒衣博带代替了轻纱透体的衣着，圆润俊秀、表情生动的人物造型代替了隆鼻深目、表情僵直的早期雕像。就敦煌佛雕来说，"面貌清瘦，眉目疏朗，眼小唇薄，身体扁平，脖颈细长的形象蔚然成风"。这些形象的穿着也多是"大冠高履，褒衣博带，西域式菩萨变成了南朝士大夫形象"[2]。山西云冈石窟的雕像早期虽以高大雄伟著名，但从北魏后期始，它便发生了变化，佛和菩萨不仅都演变成了中国化、世俗化的人物造型，而且其审美样态也有点南方士人化。如第 29 窟东壁的一小龛内，有一说法式的**坐佛**（彩图 12），面容和蔼作浅笑状，神情亲切婉柔，富于人情味，造型接近"秀骨清相"式。这一变化在河南洛阳龙门石窟更是明显。这里的主佛最高的不过 8.4 米，比云冈主佛要矮小得多。不仅是身高体形的由大变小，而且在穿着和表情上，也由威严变得温和，由肃穆变得满面微笑。面相由过去的圆胖型变为以清癯见长，神态恬淡超然。穿着与上述敦煌相同，也是褒衣博带，（菩萨）头戴宝冠，长裙曳地，显得洒脱风流。龙门石窟总的审美倾向就是由高大雄伟的造型转为秀丽淳厚的风格。如宾阳中洞西壁的主佛像，两肩窄削，胸平脖细，身着褒衣博带式袈裟，面相清癯秀美，温和可亲，为北魏龙门造像的典型特点。范文澜对此有很精彩的描述，他说："龙门石窟比云冈诸窟，表现出更多的中国艺术形式。大佛姿态也由云冈的雄健可畏变为龙门的温和可亲。以宾阳中洞主佛为代表的佛像，清癯面上含着微笑，仿佛想要人和它亲近。"〔3〕这意味着，第二阶段的佛像造型，已有脱离汉代传统和西域之风，向两个互相联系的方向转化而去的趋势。一个方向就是逐渐地中国化、民族化、世俗化。佛像那种一改威严肃穆，而为"清癯面上含着微笑"，仿佛要跟人亲近的样子，即为其典型表征。它说明佛像的神性开始慢慢淡出，而让人感到亲切的人性则逐步降临了。北魏文成帝曾"诏有司为石像，令如帝身。既成，额上足下，各有黑石，冥同帝体上下黑子"（《魏书·释老志》）。这里的"令如帝身"，已经到了连皇帝脸上、脚上的黑痣都依样画葫芦的地步，其人间化、世俗化倾向何其明朗！中国文化的非宗教性，亦即世俗性的一面显露出来；另一个方向便是向南朝的审美趣尚归拢的趋势。佛像一改高大雄伟之态，而为"秀骨清相"之姿，这无疑是南北审美文化之间交流和融汇的成果。它不仅驱走了佛像神性的疏远冷漠，还它以人间士人的可亲形象，而且也使佛像的造型从偏于感性的雄大壮美转向人格的清雅优美。

第三阶段，大体是北齐、北周时代。这阶段的基本审美特点是，不论是佛还是菩萨，其面相、体形均由瘦长型向丰圆型转换。比如山东青州出土的北齐**石雕佛立像**（彩图 13），就明显表现出这种转换趋势。河南巩县东魏、北齐时开凿的两个窟，多有礼佛图。礼佛人躯干高大，体态华贵。上海博物馆所藏北齐时的**释迦像**（011），也不再是北魏后的清秀，而是气度雍容，神态自若，充满明澈、智慧、慈祥的光彩。甘肃麦积山石窟第 60 号龛正壁北周时期的**释迦牟尼造像**（彩图 14），既有释迦牟尼那种超造型圆和略胖，双目微合，眼光下敛，唇角微露笑意，圆肩，体态优雅，表情生动，既不再是早期的质朴。

011　北齐释迦像
（上海博物馆藏）

尘绝世深不可测的神秘感，又有世间中人端庄闲雅温和慈祥的亲切感，既表现了人们所向往的佛国理想，也体现出了浓厚的人间情调和世俗趣味。敦煌 290 窟北周建造的**彩塑菩萨**（彩图 15），也一改以往的清秀颀长之相和风流潇洒之态，变得方阔丰满，慈祥庄重，笑容矜持，雍华大度了。南朝士人或淑女的形象开始淡化，而表现更突出的则是贵妇人那种华丽圆韵、温柔闲和之风采。总之，在第三阶段里，北朝佛教雕塑愈加表现出了日益世俗化、民族化、富丽化、壮美化的审美趋势。

第三阶段的这种变化有些向第一阶段复归的意思，但显然不是简单的重复，而是又将第二阶段的特点融合了起来，从而使得此阶段佛教雕塑艺术呈现出神性与人性、威严与慈祥、壮大与婉柔、崇高与平和、高雅与世俗等等融合汇流的趋势。这一演化趋势，既可以说是南、北审美文化的一种融汇，也可认为是汉晋传统与南朝新变的一种综合。正是这种审美文化在雕塑领域里纵横交错的有机融合，才使得佛像造型有了愈加中国化、民族化、和谐化的发展。它们是神，但更像世俗等级社会中的人，如慈祥而不失威严的佛与菩萨，狞恶而不恐怖的力士，和悦温顺的弟子等，都不过是某些现实人格的类型化反映。它们让人在感受到某种人情味、亲切感的同时，又有强烈的敬畏感和仰拜感。当然，这一阶段的佛像雕塑还不太圆熟，还带有某种呆板、凝滞、朴重的痕迹，但重要的是，它们已经初步显露了唐代佛雕的基本风貌。这表明北齐、北周的佛雕艺术已在融合古今、南北审美文化趣味的基础上，开始向唐代石窟雕塑艺术过渡了。

要之，中国审美文化在北朝后期所呈现出来的南北、古今融汇综合的过程，一如它在南朝后期发生的同样的过程，意义重大而深远。这在形式上似乎走了一个圆圈，好像是秦汉之际南北文化大交融的重演和复归，但实质上却是中国审美文化的一种螺旋形上升，是向一个更高历史阶段的飞跃。它所构成的南北、古今审美文化大综合、大统一的趋势，为盛唐审美文化之真正圆熟境界的到来，做好了充分的历史铺垫和准备。

〔1〕 《中国通史》第 2 册，第 654 页，人民出版社，1978 年版。

〔2〕 《敦煌彩塑》第 3 页。

〔3〕 《中国通史》第 3 册，第 656 页。